全国电子商务类人才培

ELECTRONIC
COMMERCE

电子商务
项目管理

|微|课|版|

彭玲◎主编

毛志斌 鲜军◎副主编

人民邮电出版社

北京

图书在版编目（CIP）数据

电子商务项目管理：微课版 / 彭玲主编. -- 北京：
人民邮电出版社，2023.4（2024.2重印）
全国电子商务类人才培养系列教材
ISBN 978-7-115-60099-8

Ⅰ. ①电… Ⅱ. ①彭… Ⅲ. ①电子商务－项目管理－
高等学校－教材 Ⅳ. ①F713.36

中国版本图书馆CIP数据核字(2022)第175940号

内 容 提 要

本书面向电子商务项目管理的业务需求，以 PMBOK®6.0 项目管理的十大知识模块和项目
生命周期的 5 个阶段为主线，充分结合电子商务项目的特点，系统地介绍了电子商务项目管
理的主要业务模块，如范围、进度、成本、质量、人力资源、沟通以及风险管理等。本书将
能力导向教育（Outcome Based Educatin，OBE）理念的教学设计融入章节，便于教师进行教
学设计；并通过案例引导、实训项目等环节来增强教学的互动性。

本书提供 PPT、教学大纲、电子教案、参考答案等资源，供授课教师下载。

本书既可以作为电子商务相关专业的电子商务综合管理的教材，也可以作为关注电子商
务项目管理实践的从业者、研究人员、培训师的参考用书。

◆ 主　编　彭　玲
　副主编　毛志斌　鲜　军
　责任编辑　孙燕燕
　责任印制　李　东　胡　南

◆ 人民邮电出版社出版发行　　北京市丰台区成寿寺路 11 号
　邮编　100164　　电子邮件　315@ptpress.com.cn
　网址　https://www.ptpress.com.cn
　大厂回族自治县聚鑫印刷有限责任公司印刷

◆ 开本：700×1000　1/16
　印张：12.75　　　　　　　　2023 年 4 月第 1 版
　字数：229 千字　　　　　　2024 年 2 月河北第 3 次印刷

定价：49.80 元

读者服务热线：(010)81055256　印装质量热线：(010)81055316
反盗版热线：(010)81055315
广告经营许可证：京东市监广登字 20170147 号

前　　言

项目管理的思想及实践的历史源远流长，两千年前春秋战国时期的《考工记》就已规定：凡修筑沟渠堤防，先以匠人一天修筑的进度为参照，再以一里工程所需的匠人数和天数来预算工程所需的劳力，然后方可调配施工。这充分体现了现代项目管理"以计划为基础"的基本思想。在互联网经济时代，电子商务已成为各行各业发展的新动力之一，电子商务的实践领域已成为继工程领域之后的又一个项目管理的热门领域，这就需要从业者和学者们创新思考适合电子商务项目管理的知识体系。

本书结合党的二十大报告精神，充分结合电子商务项目知识密集、生命周期短等典型特征，以 PMBOK®6.0 项目管理的十大知识模块和项目生命周期的 5 个阶段为主线，系统地介绍了电子商务项目管理的知识体系。

本书主要特色如下。

1．立德树人，提升素养

本书以"价值引领、知识传授和能力达成"为原则，挖掘每章的思政要点，从而在潜移默化中提升学生的职业素养能力。

2．以任务为导向，应用性强

本书将 OBE 教育理念的教学设计融入章节，以实训项目任务为导向，可方便教师整体规划管理教学，应用性强。

3．配套资源丰富，支持教学

本书提供 PPT、教学大纲、电子教案、参考答案等资源，授课教师可在人邮教育社区（www.ryjiaoyu.com）免费下载。

本书由彭玲担任主编，毛志斌、鲜军担任副主编。在编写本书的过程中，编者借鉴了一些电子商务业务领域以及项目管理领域的学界和业界专家的研究成果和观点，在此表示感谢。尤其湖北经济学院毛志斌（负责第2~3章）和鲜军（负责第6~7章）两位老师，不同程度地参与了资料的收集整理、内容编写以及微课制作等工作，在此一并表示衷心的感谢！

由于本书编者编写经验不足，尤其是电子商务应用领域日新月异的发展以及项目管理领域知识体系的持续更新，因此编者恳请各位读者不吝赐教，帮助本书不断修订、迭代和完善。

编　者

目　　录

第1章 电子商务项目与项目管理

学习目标

- 了解项目的定义及特征。
- 理解电子商务项目的生命周期。
- 掌握电子商务项目管理的内容。
- 了解中国管理实践在当代项目管理领域的贡献。
- 了解电子商务项目成功和失败的因素。

知识要点

- 项目的内涵。
- 电子商务项目生命周期的阶段性特点。
- 项目管理的知识体系。

导入案例

H公司有机食品电子商务项目

H公司是一家主要从事膳食营养补充剂的研发、生产和销售的上市企业，为迎合市场需求，拓展营销渠道，2012年1月起H公司计划投资1 500万元，开始利用电子商务来实施新项目——有机食品项目的渠道建设战略。在此之前，H公司已成功开发出B2C的新渠道销售公司传统产品膳食营养补充剂，依托膳食营养补充剂B2C项目的平台，有机食品项目将与公司已有的天然护肤品、婴童营养品等产品同时上线，最终实现公司资源在网络销售渠道的高度整合，这已经成为公司未来发展战略的一部分。

H公司的有机食品电子商务项目的短期目标是开发自有品牌有机食品，建设东、西、南、北4个物流配送中心，通过淘宝、天猫等电子商务销售平台进行产品销售，同时发展分销网络。

本项目的长远目标则是在国内有机食品知名品牌尚未出现的现状下，依靠 H 公司强大的经济实力及代表未来消费主流的互联网平台，创造中国有机食品第一品牌。

H 公司的有机食品电子商务项目的项目范围较广，项目人员较多，一共 75 人。按照 H 公司的战略规划，本项目的组织架构采取事业部制组织架构。项目组被命名为有机事业部，项目经理即有机事业部经理。有机事业部由商品供应部和网络运营部组成，商品供应部负责产品的生产及物流配送，网络运营部负责产品的销售及售前、售后服务。

项目的原计划是：2012 年 1 月 1 日正式启动项目，2012 年 1 月—2013 年 2 月为项目筹备期，2013 年 2 月产品正式上线（登录互联网平台销售），2013 年 9 月实现项目目标。项目的成本预算为 1 500 万元。项目的盈利计划是：2013 年全年盈利 250 万元，2014 年全年盈利 500 万元，2015 年全年盈利 1 250 万元，2016 年全年盈利 3 750 万元。

实际执行情况如下：项目从 2012 年 1 月 1 日开始执行，经过 590 天即 2013 年 7 月中下旬才开始盈利。设产品销售税率是 17%，2013 年的销售收入为 500 万元，销售增长率 2014 年是 100%，2015 年是 150%，2016 年是 200%。开始盈利之后会产生所得税，一般以 25%计算。通过项目成本管理，已计算出项目投入成本为 11 427 687.5 元。可见，本项目 2013 年的营业利润为 2 923 830.63 元，2014 年的营业利润为 2 324 415 元，2015 年的营业利润为 14 774 415 元，2016 年的营业利润为 56 274 415 元。本项目 2013 年的净利润是 2 192 872.97 元，2014 年的净利润是 1 743 311.25 元，2015 年的净利润是 11 080 811.25 元，2016 年的净利润是 42 205 811.25 元。2013 年 9 月项目完成时本项目的投资收益率约为 19.19%。项目回本需要到 2015 年。

思考：

项目与企业日常经营活动有什么区别？

1.1　项目与项目管理

项目广泛地存在于企事业单位的运作中，项目与组织的日常事务相较而言，如车间流水线上重复的生产加工、营销业务中的客户回访等业务，有着本质的区别。

项目与项目管理

1.1.1 项目的定义及特点

项目是为创造独特的产品、服务或成果而进行的临时性工作。项目具有区别于其他活动的主要特性，主要表现在以下几个方面。

1. 整体性

项目是为实现目标而开展的任务的集合，它不是一项孤立的活动，而是一系列活动有机组合形成的完整过程。它强调项目的整体性，也就是强调项目的过程性和系统性。

2. 独特性

每个项目都会创造独特的产品、服务或成果。尽管某些项目可交付成果或活动中可能存在重复的元素，但这并不会改变项目工作本质上的独特性。例如，即便采用相同或相似的材料，由相同或不同的团队来建设，但每个建筑项目都因不同的位置、不同的设计、不同的环境和情况、不同的干系人等而具备独特性。

3. 临时性

临时性又称为一次性、时限性，是指每一个项目都有自己明确的时间起点和终点，都有始有终，这是项目与"组织的日常事务"的最大区别。与持续性相比，临时性并不一定意味着项目的持续时间短。临时性是指项目有明确的开始时间和结束时间，而持续性工作通常是遵循组织已有流程的重复性过程。当项目目标达成时，或当项目因不能达成目标而中止时，或当项目需求不复存在时，或当客户希望项目终止时，项目就结束了。虽然项目具有临时性的特点，但项目所创造的产品、服务或成果一般不具有临时性。大多数项目都是为了创造持久性的结果。例如，奥运会场馆的建设就是要创造一个流传百世的文化成果。项目所产生的社会、经济和环境影响，持续时间也往往比项目本身还要长久得多。

4. 目标明确性

任何项目都有一个明确界定的目标，目标贯穿于项目始终，项目计划和一系列实施活动都是以目标为导向，围绕目标展开的。项目目标一般由成果性目标与约束性目标组成。成果性目标是项目的最终目标，在项目实施过程中，成果性目标被分解为项目的功能性要求，是项目全过程的主导目标；约束性目标通常又称为限制条件，是实现成果性目标的客观条件和人为约束的统称，是项目实施过程中必须遵循的条件，是项目管理的主要目标。例如，对于一个电子商务策划项目来说，其成果性目标包括商业策划的方案等，约束性目标包括方案策划的周期、成本、要求等。

5. 任务相关性

项目的执行是通过完成一系列相互关联又互不重复的任务而达到预定目标的。这些任务由于其关联性，必须按照一定的顺序执行。例如，一个城市的一卡通建设项目，包括需求调研分析、总体规划、功能设计、卡片选择、平台搭建、管理体系构建、市场运营等任务。这些任务都是环环相扣、互相关联的，其中某些任务只有在其前项任务完成后才能启动，而某些任务则可以并行实施。如果这些任务相互之间不能协调地发展，就不能实现项目的最终目标。

6. 资源制约性

每个项目在一定程度上都会受到客观条件和资源的制约。其中，资源制约是最主要的，包括人、财、物、时间、技术、信息等各种资源的制约。任何一个项目都是有时间限制和预算限制的，并且其人员、技术、信息、设备条件和工艺水平也都是有限制的，它们是决定一个项目成败的关键属性之一。

7. 其他特性

除了上述特性，项目还有一些其他特性，包括项目的创新性和风险性、项目成果的不可挽回性、项目组织的开放性等。

项目的这些特性是相互关联和相互影响的。由于项目具有独特性，其创造的产品、服务或成果可能存在不确定性或差异性。项目活动对于项目团队成员来说可能是全新的，需要比其他例行工作进行更精心的规划。此外，项目可以在组织的任何层面上开展。一个项目可能只涉及一个人，也可能涉及很多人；一个项目可能只涉及一个组织单元，也可能涉及多个组织的多个单元。

1.1.2 项目管理的发展

1. 项目管理的形成与发展

项目管理作为一种对一次性工作进行有效管理的活动，其历史源远流长。例如，中国的万里长城、埃及的金字塔、古罗马的供水渠等这些不朽的伟大工程，都是历史上古人运作大型复杂项目的范例。有项目的地方就有项目管理的思想。

工程领域的大量实践活动极大地推动了项目管理的发展。建筑项目相对于其他项目，组织实施过程表现得更为复杂。随着社会进步和现代科技的发展，现代项目与项目管理的真正发展可以说是大型国防工业发展所带来的必然结果。

20世纪40年代，由于第二次世界大战的推动，项目管理主要应用于国防和军工项目。典型的项目是美国第一颗原子弹的研制项目，美国把此任务作为一个项目来管理，命名为"曼哈顿计划"。项目管理在这一阶段的特征是强调计划的协调与管理，因此产生了用甘特图制订计划的方法。

20世纪50年代后期到20世纪60年代，美国出现了关键路径法（Critical Path Method，CPM）和计划评审技术（Program Evaluation and Review Technique，PERT），项目管理的突破性成就出现在这个时期。

20世纪60年代，美国实施的由42万人参加、耗资400亿美元的载人登月项目"阿波罗计划"，在应用CPM和PERT的基础上，基于阿波罗涉及的多部门、多专业、众多单位参与的实际现状，提出了"矩阵组织"的管理技术，使得"阿波罗计划"取得巨大成功。此时，项目管理有了科学的系统方法和系统工具。现在，甘特图计划、CPM和PERT技术、矩阵组织技术已被认定为项目管理的常规"武器"和核心方法。

20世纪70年代，项目管理在新产品开发领域扩展到了中型企业。到了20世纪70年代后期和20世纪80年代，越来越多的中小企业也开始引入项目管理，将其灵活地运用于企业管理的各项活动中，项目管理技术及其方法也在此过程中逐步发展和完善，项目管理学科体系逐渐形成。此时，项目管理已经被公认为一种有生命力并能实现复杂企业目标的良好方法。

20世纪90年代以后，随着信息时代的来临，高新技术产业飞速发展并成为支柱产业，项目的特点也发生了巨大变化，管理人员发现许多在制造业经济下建立的管理方法，到了信息时代已经不再适用。在制造业经济环境下，强调的是预测能力和重复性活动，管理的重点是制造过程的合理性和标准化。而在信息经济环境下，项目的独特性取代了重复性过程，信息本身也是动态的、不断变化的。灵活性成了新秩序的代名词。他们很快发现实行项目管理恰恰是实现灵活性的关键手段，而且项目管理在运作方式上最大限度地利用了内、外部资源，从根本上改善了中层管理人员的工作效率，于是企业纷纷采用这一管理模式，并将其作为企业管理的重要手段。经过长期探索总结，现代项目管理逐步发展成为独立的学科体系，成为现代管理学的重要分支。

总地来讲，项目管理在其发展过程中主要经历了3个阶段，如图1-1所示。

（1）产生阶段，即古代的经验项目管理阶段。在这个阶段项目实施的目标是完成任务，如埃及金字塔、古罗马的供水渠、中国的长城等；在这个阶段，项目管理还没有形成行之有效的方法和计划，还没有科学的管理手段和明确的操作技术规范。

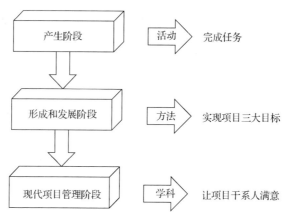

图 1-1　项目管理发展的 3 个阶段

（2）形成和发展阶段，即近代科学项目管理阶段。在这个阶段着重强调项目的管理技术，实现项目的进度、成本、质量三大目标。

（3）现代项目管理阶段，也是项目管理发展的成熟阶段。项目管理除了实现进度、成本、质量三大目标外，管理范围不断扩大，应用领域进一步增加，与其他学科的交叉渗透和相互促进不断增强，也强调面向市场和竞争，引入人本管理及柔性管理的思想，以项目管理知识体系所包含的内容为指导，向全方位的项目管理方向发展，追求项目干系人的满意。

现代项目管理已经为项目管理的应用提供了一套完整的学科体系，其追求的目标就是使项目参与方都得到最大的满意及项目目标的综合最优化。当代项目与项目管理是扩展了的广义概念，项目管理更加面向市场和竞争、注重人的因素、注重客户、注重柔性管理，是一套具有完整理论和方法基础的学科体系。

目前在世界各国，项目管理不仅普遍应用于建筑、航空、航天、国防等传统领域，而且已经在电子、通信、计算机、软件开发、制造业、金融业、保险业甚至政府机关和国际组织中成为其运作的核心管理模式。

2. 项目管理学科的形成及发展

尽管人类的项目实践可以追溯到几千年前，但是将项目管理作为一门学科来进行分析研究，其历史并不长。世界上第一个专业性国际组织——国际项目管理协会（International Project Management Association，IPMA）于 1965 年成立，至今已有 50 多年的时间。经过这 50 多年的努力，目前国际专业人士对项目管理的重要性及基本概念已有了初步共识。当前项目管理学科的发展有以下 3 个特点。

（1）项目管理的全球化发展。知识经济时代的一个重要特点是知识与经济发展的全球化。竞争的需要和信息技术的支撑，促使了项目管理的全球化发展，主要表现在国际项目合作日益增多、国际化的专业活动日益频繁、项目管理专业信息的国际共享等方面。项目管理的全球化发展既为我们创造了学习的机遇，也给我们提出了高水平国际化发展的要求。

（2）项目管理的多元化发展。由于人类社会的大部分活动都可以按项目来运作，因此当代的项目管理已深入各行各业，以不同的类型、不同的规模出现。这种行业领域及项目类型的多样性，导致了各种各样项目管理理论和方法的出现，从而促进了项目管理的多元化发展。

（3）项目管理的专业化发展。项目管理的广泛应用促进了项目管理向专业化方向发展，突出表现在项目管理知识体系（Project Management Body of Knowledge，PMBOK®）的不断发展和完善、学历教育和非学历教育竞相发展、各种项目管理软件开发及研究咨询机构的出现等。可以说，这些专业化的探索与发展也正是项目管理学科逐渐走向成熟的标志。

3. 项目管理知识体系的形成及发展

项目管理知识体系是（美国）项目管理协会（Project Management Institute，PMI）于 1984 年首先提出的概念，并于 1987 年推出了其第一个基准版本，随后于 1996年进行了改进并正式发布了 PMBOK® 1.0，2008 年发布了 PMBOK® 4.0。PMBOK®是项目管理职业的知识总和，就像法律、医学、会计这些职业一样，项目管理专业人员也需要一套完善的项目管理专业知识体系。PMBOK®是作为在所有项目中使用项目管理知识领域的指导纲要而编写的，同时它描述了这些领域的基本知识框架。

PMBOK®将项目管理过程科学地划分为启动、规划、执行、监控和收尾五大过程，并系统地归纳了项目管理的十大知识领域：项目整合管理、项目范围管理、项目进度管理、项目成本管理、项目质量管理、项目资源管理、项目沟通管理、项目风险管理、项目采购管理和项目干系人管理。PMBOK®对各领域的知识、技能、工具和技术做了全面总结。实践证明，PMBOK®已经真正成为项目管理专业人士的知识指南。目前，PMBOK®已经被世界项目管理界公认为一个全球性标准，国际标准化组织以该指南为框架，制定了 ISO10006 标准。[①]

---

① PMI 按照 ISO 更新要求，每 4 年更新一次《PMBOK®指南》（PMBOK® Guide），早前已经出版了 2000（第 2 版）、2004（第 3 版）、2008（第 4 版）、2012（第 5 版）几个版本，PMBOK®第 6 版于 2018 年第 1 季度正式启用。与之前版本相比，PMBOK®第 6 版将项目管理的九大知识领域更新为十大知识领域，包括项目整合管理、项目范围管理、项目进度管理、项目成本管理、项目质量管理、项目资源管理、项目沟通管理、项目风险管理、项目采购管理和项目干系人管理。

PMBOK®还是一个项目管理职业和实践中共同的术语汇编，为讨论、书写和应用项目管理方面的问题提供了便利。

有效的项目管理要求项目管理团队理解和利用至少 5 个专业领域的知识与技能。

（1）项目管理知识体系。

（2）应用领域知识、标准与规章制度。

（3）理解项目环境。

（4）通用管理知识与技能。

（5）处理人际关系技能。

上述 5 个专业领域虽自成一体，但是在项目管理中的应用有重叠之处，任何一方都不能独立。有效的项目管理团队在项目的所有方面都要综合运用它们，但没有必要使项目管理团队每个成员都成为这 5 个领域的专家，任何一个人都具备项目管理所需要的所有知识和技能事实上也是不可能的。然而，项目管理团队具备该指南的全部知识，熟悉项目管理知识体系与其他 4 个专业领域的知识，对于有效地管理项目是十分重要的。

中国项目管理研究委员会于 2001 年在其成立 10 周年之际正式推出了《中国项目管理知识体系》（C-PMBOK），其知识范畴限定在项目管理的共性知识上，即"普遍接受的项目管理知识与实践"，但在其体系结构上已考虑了包容其他领域知识的问题。2006 年，C-PMBOK2.0 也正式出版。

4. 现代项目管理的发展变革

虽然传统项目管理使人类创造了许多不可思议的辉煌成就，但世界经济史无前例的快速变化和高度复杂性使项目决策者的决策只能建立在很少的确定性和大量的推测基础上，因而项目管理面临着前所未有的高风险环境，传统的项目管理已表现出以下几个方面的缺陷。

（1）传统的项目管理过分关注项目的进度、成本和质量，忽视了客户的重要性。虽然注重项目的进度、成本和质量与满足客户需求从理论上讲是一致的，因为质量包含了客户的需要和要求，但项目经理往往容易忽视客户的心理，因为客户的需求和要求也属于广义质量的范畴，尤其是客户的心理需求，是不容忽视的。

（2）传统的项目管理过分关注项目的管理方法和工具的应用，无暇顾及其他重要事情。项目管理方法和工具的应用使项目管理人受益匪浅，但项目管理的"二八现象"以不争的事实说明：项目管理仅有 20%失败于项目管理技术方法，80%失败于员工不负责任、不能有效地沟通等一些非技术性原因。

（3）项目经验管理范围的定义太狭窄。传统项目管理将项目经理的管理领域定义为项目的执行，即在限定的范围内完成工作，项目经理缺乏足够的预算资源以对项目的投资方负起完全责任，很难有效地为客户服务。

基于以上缺陷，传统的项目管理变革势在必行，必须以满足干系人的需求为核心，重新定义项目经理的责任与作用，探索更加科学、更加适应新的商业环境的项目管理理论和技术，以更好地发挥项目管理的作用。这种变革有以下两个重点。

（1）令项目干系人满意是现代项目管理变革的核心。项目干系人是指与项目利益存在较大关系的利益相关方，往往包括项目发起人、客户、项目经理、项目团队/成员、商业合作伙伴等。传统项目管理以项目进度、成本及质量三大约束指标衡量项目成功与否的观念正在飞速地发生变化，越来越多的项目专业管理人员意识到：最惨重的项目失败莫过于所完成的项目不能让干系人满意。让干系人满意已成为项目管理成功的衡量标准。追求干系人满意的观点，使项目管理人员的角色从项目计划的执行者变成能对干系人需求做出迅速而有效反应的参与者。在项目一开始，项目经理和项目管理人员首先要做的就是分析项目不同干系人的需求，以及如何满足并平衡他们的需求。

（2）项目经理的重新定义。项目经理的智慧和有效的管理能创造出巨大价值，他们是项目成功的重要人物。除了传统项目管理对项目经理素质的要求之外，以干系人满意为目标的项目管理要求项目经理必须具备多项特殊素质，如对项目目标有透彻的理解，对项目有强烈的责任心，能应付挫折和失望，能忍受项目模糊不清的煎熬，有政治头脑，有成本意识和基本的经营技巧。同时，项目经理还应具有对项目市场商业风险的双重特性：既要顾全大局又要注重细节；既要保持稳定又有一定的灵活性；既具备分析能力又充分相信直觉；处理人际关系既"软"又"硬"，项目经理必须以干系人满意为目标，必须被授予有效的运作权力，以便对干系人提出的疑问和变更要求做出直接而有效的快速响应，并真正对项目的盈亏负责。

1.1.3　项目管理的定义

项目管理，最直观的字面意义就是"对项目进行的管理"，这也是其最原始的概念，它说明了两个方面的内涵。

（1）项目管理属于管理的范畴。

（2）项目管理的对象是项目。

然而，随着项目及其管理实践的发展，项目管理的内涵得到了较大的充实和发展，当今的"项目管理"已成为一种新的管理方式、一门新的管理学科的代名词。

"项目管理"一词有两种不同的含义：一是指一种管理活动，即一种有意识地按照项目的特点和规律，对项目进行组织管理的活动；二是指一门管理学科，即以项目管理活动为研究对象的一门学科，它是探求项目活动科学组织管理的理论与方法。前者是一种客观实践活动，后者是前者的理论总结；前者以后者为指导，后者以前者为基础。就其本质而言，二者是统一的。

PMI 对项目管理的定义：项目管理是将知识、技能、工具与技术应用于项目活动，以满足项目的要求。项目管理是通过应用和综合诸如启动、计划、实施、监控和收尾等项目管理过程来进行的。项目经理是负责实现项目目标的个人。管理一个项目一般包括以下几个方面。

（1）识别要求。

（2）确定清楚而又能够实现的目标。

（3）权衡质量、范围、进度和成本方面互不相让的要求。

（4）使技术规定说明书、计划和方法适合于各种各样干系人的不同需求与期望。

国际知名项目管理专家、《国际项目管理杂志》（IJPM）主编罗德尼·特纳（J. Rodney Turner）提出不要试图去定义一个本身就不精确的事物，因此他给出了一个很简练的、泛泛的定义：项目管理既是艺术又是科学，它使远景转变为现实。

美国著名的项目管理专家詹姆斯·刘易斯（James-Lewis）博士认为：项目管理就是组织实施对实现项目目标所必需的一切活动的计划、安排与控制。

综合上述定义，我们认为：项目管理就是以项目为对象的系统管理方法，通过一个临时性的专门的柔性组织，对项目进行高效率的计划、组织、指导和控制，以实现项目全过程的动态管理和项目目标的综合协调与优化。

1.1.4　项目管理的内容

1. PMBOK®中项目管理的内容

根据 PMI 提出的 PMBOK®对项目管理所需的知识、技能和工具进行的概括性描述，项目管理内容包括项目整合管理、项目范围管理、项目进度管理、项目成本管理、项目质量管理、项目资源管理、项目沟通管理、项目风险管理、项目采购管理和项目干系人管理这十大领域。

2. 在 IPMP 体系中项目管理的内容

IPMP 为 International Project Management Professional 的缩写，即国际项目管理专业资质认证。该认证体系是国际项目管理协会（IPMA）在全球推行的项目管理专业资质认证体系的总称。国际项目管理协会界定的项目管理内容包括：项目与项目管理、项目管理实施、按项目进行管理、系统方法与综合、项目背景、项目阶段与生命周期、项目开发与评估、项目目标与策略、项目成功与失败的标准、项目启动、项目发展、项目结构、项目范围与内容、时间进度、资源、成本与融资、技术状态与变化、项目风险、效果质量、项目控制、文档与报告、项目团队组织、团队工作、领导、沟通、冲突与危机、采购与合同和项目质量管理共 28 项内容。

3. 项目管理内容

前两个理论体系对项目管理的内容、形式、界定不同，但实际上两者的主要内容是一致的，在 IPMP 体系下，内容描述更加详细。因此，可以对两者加以融合，将常见的项目管理内容从组织层次、不同主体、生命周期、工作过程、职能领域等方面来归纳。

（1）从组织层次划分——可将项目管理分为企业层次的管理和项目层次的管理。

（2）从不同主体划分——可将项目管理分为业主管理、承包商管理、监理管理、客户管理。

（3）从生命周期划分——可将项目管理分为概念阶段的管理、规划阶段的管理、实施阶段的管理、收尾阶段的管理。

（4）从工作过程划分——可将项目管理分为启动过程的管理、计划过程的管理、执行过程的管理、控制过程的管理、结束过程的管理。

（5）从职能领域划分——可将项目管理分为项目整合管理、项目范围管理、项目进度管理、项目成本管理、项目质量管理、项目资源管理、项目沟通管理、项目风险管理、项目采购管理和项目干系人管理。

① 项目整合管理——确保项目各要素的协调工作，包括项目计划的制订和执行、项目整体变化控制。

② 项目范围管理——根据项目的目的，界定项目必须完成的工作范围并对它进行管理，包括立项、项目范围的计划和定义、范围确认、范围变更控制。

③ 项目进度管理——给出项目活动的定义、安排和时间估计，制订项目计划并实行控制。

④ 项目成本管理——确保项目在预算范围内的管理过程，包括资源和成本的规划、成本预算和控制。

⑤ 项目质量管理——确保项目满足干系人需要的质量，主要包括质量计划、质量保证和质量控制。

⑥ 项目资源管理——确保项目团队成员发挥最佳效能的管理过程，包括组织

计划、人员招聘和项目团队的组建。

⑦ 项目沟通管理——确保项目相关信息能及时、准确地得到处理，包括沟通计划的制订、信息传递、过程实施报告和评估报告。

⑧ 项目风险管理——确保项目能够成功实现，需进行风险的识别、度量、响应和控制。

⑨ 项目采购管理——确保项目所需的外界资源得到满足，包括采购计划、询价、资源选择、合同的管理和终结。

⑩ 项目干系人管理——确保项目会赢得更多人的支持，包括对项目干系人需要、希望和期望的识别，并通过沟通上的管理来满足干系人需求、解决其问题的过程。

1.2 电子商务项目概述

电子商务项目具备项目的特征，同时又因为电子商务业务领域的特点，使得电子商务项目与传统项目（如工程建造类项目）相比，呈现出不同的特点。

1.2.1 电子商务项目的定义与特点

所谓电子商务项目，是指在电子商务业务过程中，为了达到所需的绩效目标，在一定期限内，依托一定的资源而进行的一系列活动，这一系列活动的过程有其丰富的内容，构成了许多独特的项目。电子商务项目的绩效也是通过三项主要目标的完成量来衡量的，即进度（项目是否按时完成）、成本（项目是否符合预算）和质量（项目达到客户满意的程度）。

电子商务项目作为项目中的一种类型，具有项目的共同特点。

（1）临时性。项目的一次性主要是指项目是一次性的努力，一次性是项目与日常运作的区别，任何成功的项目，无论其效益或影响如何，就项目本身来说，都是一次性的努力。例如，企业网站项目，随着网站的建成发布，项目也就结束了。建网站是一次性的努力，但网站的影响可能是长远的。项目的一次性还体现在项目是独一无二的。例如，给甲、乙两个企业设计网站，虽然工作性质相似，但甲企业与乙企业的商业模式和网站需求可能差别很大，其成本、工期和作业方式可能相差很远，因而同为建网站，给甲企业设计网站和给乙企业设计网站，因其特定的需求不同，两个项目可能相差甚远。

（2）目标明确性。任何项目都有一个明确界定的目标，项目的一切工作都要以目标为导向，目标贯穿于项目始终，项目计划和一系列实施活动都是围绕目标展开的。项目的目标通常用工作范围、进度计划和成本来表达。例如，一个企业的电子商务项目目标可能是花 2 万元，用 1 个月的时间，在阿里巴巴第三方平台上开设商铺，以拓展销售渠道，增加贸易机会；另一个企业的电子商务项目目标可能是花 100 万元，用 9 个月的时间构建商务网站，开展网上销售，以扩大销售范围，提高销售收入，提升企业产品品牌的知名度。

（3）任务相关性。项目的执行是通过完成一系列相互关联又不重复的任务而达到预定目标的。这些任务由于其关联性，必须按照一定的顺序执行。例如，一个企业商务网站项目就可能包括需求调研分析、网站总体规划、系统平台选择、网站应用系统开发、网站内容建设和域名登记等任务，这里的多项任务都是环环相扣、内在相关的，其中某些任务在其前项任务完成之前不能启动，而另一些任务可以并行实施。如果这些任务相互之间不能协调开展，就不能实现项目的目标。

（4）资源制约性。项目需要运用各种资源来执行，包括人、财、物、时间、技术、信息等各方面的资源，每个项目的资源都在一定程度上受到客观条件的约束。如果项目在人、财、物、时间等资源上充足，那么其成功的可能性就会高；相反，则项目成功的可能性就会大大降低。

（5）周期确定性。任何项目都是在限定的期限内完成的，有明确的开始时间和结束时间，即具有确定的项目周期。例如，一个企业的网站建设项目可能是从某年 6 月 10 日开始到当年 9 月 20 日结束。

（6）不确定性。任何项目在执行过程中都包含一定的不确定性。一个项目开始前，应当在一定的假定和预算基础上准备一份计划，包括质量、性能的要求和进度、成本的估算。这种事先的假定和预算与将来的项目真实情况难免会有偏差，从而给项目带来一定程度的不确定性，可能会影响项目目标的实现。

思考

你觉得电子商务项目除了上述一般项目所具备的特点外，还有哪些独特的地方？

1.2.2 电子商务项目的类型

电子商务项目的范围很广，既包括企业的电子商务建设，也包括政府、个人和社会其他主体的电子商务活动。企业是商务活动的主体，所以利用电子化的手段来改造、优化传统企业的商务活动过程，在信息流转、计划决策、物料采购、生产计划、市场营销、人力资源、物流和财务管理等环节采用适当的电子手段来提高效率、降低成本、提高竞争力，是电子商务项目的重心所在。

根据电子商务项目主体的不同，可以将电子商务项目分为电子商务新项目和电子商务优化项目两种类型。

1. 电子商务新项目

这类项目是指网络企业抓住电子商务带来的商机，通过创新的技术和管理手段，吸引投资资本（如风险资本），在互联网上进行的发展新市场、开拓新业务等活动。腾讯的 QQ、百度的搜索引擎、阿里巴巴的平台、盛大的网络游戏及新浪的新闻都是这类项目的成功典型。

与电子商务优化项目相比，这类项目从事的不是企业原有的业务，甚至连企业都是因项目而新创立的网络企业。由于全新开拓的创新业务缺乏既有的业务基础和渠道资源，因而企业需要充分的前期市场调查和更多的初始投入。这类项目必须具有商业价值，具有广阔的市场前景和足够的市场空间，以吸引资本的投入；同时，这类项目最好是新颖、独特的（新颖就是要发现网络上尚未被他人发掘的市场机会，独特就是做别人还没有做的事情），有利于企业占据先机，降低进入门槛，取得竞争优势；同时也具有巨大的风险性和项目后果的不可挽回性。例如，阿里巴巴抓住中国广大的中、小企业这一群体，在初期以免费会员制吸引中、小企业登录注册，逐步汇聚了商流和信息流，创造了无限商机。

2. 电子商务优化项目

这类项目是传统工商企业（包括 IT 等新兴企业）为了在网络经济快速发展的情况下更有效地参与市场竞争，采用电子商务的技术和商务模式，借助互联网而开展的网上营销、产品销售、物资采购、服务升级等活动。海尔、联想、沃尔玛等都是这类项目的成功典型。

这类项目有一个显著特点，即项目是在企业原有的产品或服务的基础上开展的，是企业经营方式的一种延伸、一种创新，其目的是扩大企业的业务范围、增加销售，同时降低成本、减少库存，以取得企业整体竞争优势。

这类项目的另一个特点是，项目的实施很可能会使企业在应用技术、管理结构、业务流程及企业文化等诸多方面产生变革。例如，某企业的电子商务项目，如果只单纯地将产品放到网上销售，其新增的网络渠道就可能与传统渠道因争抢客户而产生渠道冲突。为避免产生不良后果，在项目开展前必须进行周密的规划和部署，确保目标一致、协调控制，以最大限度地减少项目实施风险。

电子商务优化项目，可以是一个简单的项目，如网上发布一条产品信息，也可以是一个较复杂的项目，如建立客户关系管理系统、企业资源计划（Enterprise Resource Planning，ERP）系统等；电子商务优化项目，可以是一个在几天之内完成的短期项目，也可以是一个时间跨度较长的长期项目，如一个大型企业上 ERP 系统通常要两年时间。这些项目，虽然规模不同、周期不同，但都属于电子商务项目的范畴。

1.2.3　电子商务项目的生命周期

1. 项目生命周期的含义

项目的生命周期是指项目从开始到结束的全过程。生物的生命周期包括诞生、成长、成熟、衰亡 4 个阶段，但项目的生命周期却不是这种单一方向的发展过程。在一个项目的建设过程中，因环境或条件变化可能会引发新项目的诞生，并不像生物的生命周期那样从诞生一直到衰亡。许多项目由于意料之外的环境变化，即使在接近原来规划的收尾阶段，也可能引发新项目的开始，即便如此，也有必要在一般情况下对项目的生命周期做出划分。通常，项目生命周期的长度依项目内容、复杂性和规模而定，从几个星期到几年不等。由于信息技术的更新较快，电子商务项目的生命周期比一般工程项目的生命周期要短。

2. 电子商务项目生命周期的划分

根据项目管理知识体系对项目生命周期的划分，电子商务项目的生命周期包含概念阶段、规划阶段、执行阶段、控制阶段和收尾阶段 5 个阶段，不同的阶段有不同的管理内容。电子商务项目的生命周期如图 1-2 所示。图中的纵轴表示完成工作量/资源投入，横轴表示项目阶段的时间。

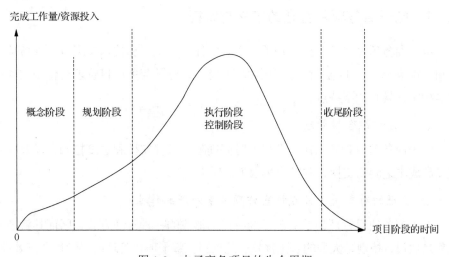

图 1-2　电子商务项目的生命周期

（1）概念阶段。这一阶段提出并论证项目是否可行，包括需求的收集、项目策划、可行性研究、风险评估及商务计划书等工作。

（2）规划阶段。这一阶段是对项目实施的总体策划。其主要任务是对项目任务和资源进行详尽计划和配置，包括界定范围和目标，确立项目组主要成员，确立技术路线，工作分解，确定主计划、专项计划（成本、质量保证、风险控制和沟通）等工作。

（3）执行阶段。执行阶段和控制阶段一起组成项目生命周期中时间最长、完成的工作量最大、资源消耗最多的阶段。执行阶段要通过组织协调，确保能按时保质地完成各项任务。

（4）控制阶段。项目在执行过程中，受内、外部环境因素的影响，需要监控整个项目的进展情况，要防患于未然，确保实现项目目标。

（5）收尾阶段。这一阶段主要包括项目收尾的有关工作。项目组织者要对项目进行财务清算、文档总结、评估验收，最终交付客户使用和对项目总结后评价。

1.3　电子商务项目管理概述

电子商务项目管理是对特定管理对象，即电子商务项目的管理，因此，一般项目管理的知识、工具和技术对电子商务项目管理往往也是适用的，同时，其管理的内容和成功的关键呈现出差异性。

电子商务项目
管理概述

1.3.1　电子商务项目管理的定义与特征

电子商务项目管理是指运用项目管理的知识、工具和技术实现电子商务项目的目标或需求。由于电子商务应用领域的特征，电子商务项目管理与传统的项目管理相比，具有如下特点。

1. 更注重综合性管理

电子商务项目管理工作有严格的时间期限、日程安排和进度控制，以及权衡进度和成本之间的交换，常常产生很大的压力。

2. 管理的对象是项目或被当作项目来处理的作业

电子商务项目管理是针对项目的特点而形成的一种管理方式，因而其管理的对象是项目，特别是大型的、比较复杂的项目。鉴于项目管理的科学性和高效性，有时人们会将重复性工作中的某些过程分离出来，加上工作的起点和终点当作项目来处理，以便于在其中应用项目管理的方法。

3. 管理的全过程都贯穿着系统工程的思想

电子商务项目管理把项目看成一个完整的系统，依据系统论的原理，可以将系统分解为许多责任单元，由责任者分别按要求完成单元目标，然后汇总、综合成最终成果；同时，电子商务项目管理把项目看成一个有完整生命周期的过程，强调部分对整体的重要性，促使管理者不要忽视其中的任何阶段，以免造成总体的效果不佳甚至失败。

4. 管理的组织具有特殊性

电子商务项目管理的组织是临时的，项目一旦结束，其组织的使命也就完成了；电子商务项目管理的组织是柔性可变的，可根据项目生命周期各阶段的具体需要适时地调整组织的配置，以保障组织的高效、经济运行；电子商务项目管理的组织是扁平化的，多为矩阵结构，强调其协调控制职能，以保证项目总体目标的实现。

5. 管理方法的先进性

电子商务项目管理的方法、工具和手段具有先进性、开放性，会用到多学科的知识和工具，其要点是创造和保持一种能让项目正常运行的环境。

1.3.2 电子商务项目管理的内容

电子商务项目管理的内容可以从两个维度来理解：一是结合项目的生命周期来划分每个阶段的管理内容；二是将 PMBOK® 所提出的项目管理的十大知识领域的管理内容（该部分在 1.1.3 节已有具体阐述）具体应用到电子商务项目管理的实践中。本节着重介绍电子商务项目生命周期各阶段的具体内容。

1. 概念阶段

这一阶段是电子商务项目整个生命周期的起始阶段，也是整个项目的孕育阶段，主要任务是确认和批准一个项目的执行，项目产生的基础是确定适合客户的需求。识别客户需求的主要任务是发现、提出需求，并论证项目是否可行，包括需求调研、数据分析、可行性研究、风险评估及编制项目建议书或商业计划书等工作。

客户必须首先确定需求或问题。有时候，问题会被迅速确认，如在某些突发事件出现的情况下，客户会立即产生需求。在另外一些情况下，客户可能需要很长的时间才能清晰地确认需求。例如，一个企业要建立自己的网站，是建立一个仅仅用于宣传的静态网站，还是建立一个有互动功能的网上交易平台？这要根据企业的经营战略和可利用的资源等具体情况来确定。

对大、中型企业来说，在面向承包商确认电子商务需求之前，往往要经过一段时间的酝酿。在这个过程中，通常是自行进行初步可行性研究，形成一个项目建议书或初步可行性研究报告。项目建议书经过企业高层批准后，企业安排内部的某个项目经理来组织和推动项目的发展，或者自己组建项目团队或联络承包商。例如，某企业的管理层想建立企业的网站，可能指派企业内部的某个部门提交一份项目建议书。如果企业内部有相应的技术条件，企业可能会自己组建一个项目团队来完成建站的任务；如果企业没有相应的技术条件，或者不想把精力花费在建站上，则会委派一个项目经理来联络承包商。

在这一阶段，有一种做法是企业向承包商征询需求建议书，企业提出需要解决的问题，要求承包商提交有关他们如何在成本约束和进度控制下解决问题的方案。一个把建站作为需求的企业，可能会以需求建议书的文件方式表达需求，并把文件分送给几家不同的承包商。我们在电子商务项目的实践过程中发现，传统企业对实现电子商务的需求，往往需要承包商来予以引导，帮助企业明确需求。在这种情况下，企业就很难自己做出 RFP。

这个阶段投入的人力和物力可能不多，但对后期的影响很大。尤其是电子商务新项目，企业没有先例可以模仿或复制，在市场调研的基础上确定需求是一项很重要的工作。有一些项目实施后达不到预期目的，大多不是因为项目计划、实施工作没有做好，而往往是缺乏全面、细致、准确的可行性分析，从而导致决策失误。因此，对概念阶段的工作要给予足够的重视，做好项目需求方案的必要性及可行性研究，防止盲目决策而导致失误。概念阶段的重要性可以概括为：一个有价值的需求被策划成项目得以实现无疑可以取得很好的经济效益，而一个价值不大的项目被及时中止却可以减少企业的直接损失，很多企业更重视后者。

2. 规划阶段

当一个电子商务项目的概念已经完全明确，决策者做出立项决策后，便开始进入项目规划阶段，全面系统地计划、安排电子商务项目的实施过程，制订项目实施的整体计划。

规划阶段是项目成功实施的重要保证，其主要任务是确定项目要实现的目标以及为实现这一目标所必须完成的各项工作和活动，包括界定项目的目标和范围，确定技术路线，确立项目组主要成员，工作分解，确定主计划、专项计划（成本、质量保证、风险控制和沟通）等工作。这些工作可以由承包商来做，也可以由企业内部的项目团队来做，他们会将解决客户需求的方案以申请书或投标书的形式提交给客户。为了提出容易中标的解决方案，承包商应该认真研究客户需求和相关条件，同时也要考虑自己执行项目时的能力。

在电子商务项目实施的整体计划中，项目目标和范围是项目实施所要达到结果的依据；工作分解及时间估计为项目的计划提供基础；良好的进度安排、人员组织计划、资源计划、成本预算及质量计划是项目实施的基础。

一般来说，项目目标应该非常明确、具体、可操作和可测量。理想的情况是项目开始时就有一个明确的目标，但是在实际项目中，特别是在电子商务项目中，则很难做到。第一种情况是项目一开始往往不是很清楚需要什么，在项目进行过程中才能逐渐明确需求；第二种情况是在项目进行过程中，目标常常会发生变化，不得不进行项目变更和返工。

每一个成功的项目都必然有周密的项目计划，以保证项目在合理的工期内低成本、高质量地完成。一个好的项目计划提供了项目的全景描述，它为所有干系人全面了解项目内容、进行交流和协商提供了有效的方式和工具，是指导、控制、协调项目实施的最有力标准和依据。项目计划可能随着项目的深入而更新，但是任何计划的变动都必须遵循项目的变更控制程序。

从项目的整个周期来看，项目的规划阶段所占比例是比较大的。

3. 执行阶段

在规划阶段产生的项目计划被批准后，客户与承包商签订合同，项目组组织人力、协调其他资源以执行计划，开始项目的实施工作。执行阶段是电子商务项目生命周期中时间最长、完成的工作量最大、资源消耗最多的阶段之一。

项目的执行是使项目组成员能够按项目的目标有计划地组织工作，以便成功地实现项目目标，满足项目的要求。项目组成员的目标都是共同完成项目，一般由项目经理总体负责项目的实施工作。对于大型的电子商务项目来说，可以将项目分成多个子项目进行同步开发，因此就需要一个总的项目管理组负责对各个子项目的公共部门进行指导、协调和管理，各个子项目应有各自的项目管理小组，也可以利用项目管理办公室的方式组织大型项目的管理。

4. 控制阶段

项目控制是确保项目依照项目计划和目标保质保量按时完成的重要工作。项目控制就是监视和测量项目的实际情况。一般需要细化目标，制订工作计划，协调人力和其他资源，定期监控进展，分析项目偏差，采取必要的措施以实现项目目标。若发现实施成果偏离计划，就应找出原因，及时采取行动，使项目回到计划轨道上来。

项目的控制过程主要包括进度控制、成本控制、质量控制、风险控制和变更控制等内容，其目标是使项目实施在进度、成本和质量上达到综合协调。

（1）进度控制。进度控制就是比较项目实际与计划之间的差异，并做出必要的调整使项目朝预定的方向发展。在项目实施中，难免会发生各类意外和风险，进度控制就是根据项目的实际情况和项目计划对各项子任务的实施进展进行监控和调整，以确保项目能够按照计划完成。

（2）成本控制。成本控制就是监控成本的正负偏差、分析原因和采取措施，以确保项目不超出预期的成本预算。成本控制能力直接关系项目的盈利情况，因此多数企业都将成本控制放在首位。在电子商务项目中，人力成本所占比重较大，事前难以准确估算，因此，不重视人力资源管理将会导致项目成本超支。

（3）质量控制。项目质量一般通过定义交付物标准来明确，这些标准包括各种特性及这些特性需要满足的要求。另外，质量还包含对项目过程的要求，如规定执行过程应该遵循的规范和标准。因此，质量管理主要就是监控项目的交付物和执行过程，以确保它们符合相关标准，同时确保不合格项能够按照正确的方法排除。对电子商务项目来说，基于软件能力成熟度模型的开发过程、持续改进和质量保证方法也具有重要意义。

（4）风险控制。有效的风险控制可以提高项目的成功率。电子商务项目具有高风险的特点，包括产品识别风险、质量控制风险、网上支付风险、物权转移中的风险、信息传送风险等多种风险，因此对电子商务项目进行风险管理非常重要。在项目早期就应该进行必要的风险分析，并通过规避风险降低失败概率，避免返工造成成本上升。另外，提前对风险制定对策，就可以在风险发生时迅速做出反应，避免风险发生后无法规避而造成更多的损失，以最少的成本保证实现项目总体目标。

（5）变更控制。变更控制的目的不是控制变更的发生，而是对变更进行管理，以确保变更有序进行。对于电子商务项目来说，发生变更的环节和时间点比较多，因此变更控制格外重要。

5. 收尾阶段

收尾阶段是电子商务项目生命周期的最后阶段，其目的是要确认项目实施的结果是否达到了预期的要求，实现了项目的移交与清算，包括移交工作成果、财务清算审计、文档整理归档、项目评估验收、项目终结。核查项目计划规定范围内的各项工作或活动是否已经全部完成，可交付成果是否令人满意，并将核查结果记录在验收文件中；检查所有的款项是否已经结清；收尾阶段很重要的工作是评估项目绩效，通过评估项目绩效，明确在哪些方面应该改善、哪些方面可以借鉴，以便对后续的项目产生良好的借鉴和影响。

由于电子商务项目的成果大多是形成无形资产，项目的收尾阶段可能与工程项目等一次性项目有所不同。

1.3.3 电子商务项目成功的制约因素

电子商务近年来越来越受到企业的青睐，当然不乏政府的支持和政策的引导，但其根本原因在于电子商务自身的优势，它为广大企业带来了绝好的发展机遇。通过互联网，企业扩大了市场空间；电子商务提供的交易方式，减少了中间环节，节省了流通成本；电子商务为企业提供了廉价和高效的宣传和服务手段，企业可以很方便地得到客户的反馈信息，对客户进行跟踪服务；电子商务使企业和供应商、客户的关系更加紧密；电子商务大大提高了企业内部的管理水平，降低了企业的经营成本；电子商务可以减少企业的产品库存、缩短生产周期。

但是，传统观念、流程变革等的障碍，基于互联网的安全和技术等方面的制约，为企业发展电子商务、实施电子商务项目带来了诸多困难。

1. 成功的制约因素

电子商务项目范围广、技术含量高，对企业人员素质和能力的要求较高，因此，它具有很大的不确定性，往往由于当初对困难估计不足，低估了某些资源的成本，而造成项目目标的偏移甚至项目的失败。目前，电子商务项目的成功率不高，在发达国家仅为30%左右。电子商务项目成功的制约因素，主要表现在以下几个方面。

（1）企业能力不能满足电子商务项目的要求。企业能力不足，一方面体现在企业的管理水平难以适应电子商务项目的需要，另一方面是企业人员的素质和业务流程不能满足要求。电子商务项目往往是并行工作，要求项目组成员具有一定的素质，在协同工作的同时，项目组成员都要承担部分管理工作。协同管理能力不是天生就有的，它是在管理理论的发展、技术的进步及工作的复杂性和动态性的基础上累积形成的。

（2）企业对技术和管理的认识存在误区。电子商务项目需要技术的支持。现在多数企业认为建立了网络，办公实现了电子化，与客户之间通过网络进行通信，就是在进行电子商务；也有企业认为具有专门 IT 技能的人员组成的团队就能完成电子商务项目。这些都是认识误区。在项目管理中，"人"是很重要的因素。一个项目的成功与否与被雇用的人才的质量有直接的关系，尤其是管理这些项目人员的经理。电子商务项目经理不仅要具备 IT 知识，还要通晓如何管理项目及如何管理项目团队。

（3）任务和目标的设定及资源配置不合理。电子商务项目是一个复杂的系统，任务和目标具有复合性，且具有高风险性，任务和目标的设定是否现实、合理是企业在实施电子商务项目中面临的主要问题之一。电子商务项目往往涉及多部门、多人员，他们拥有各自的信息资源，容易形成封闭的管理模式，各人员不愿将自己的资源公开，势必造成资源浪费，使电子商务项目的成本升高。同时，电子商务项目在实施过程中往往分成多个子项目，各个子项目之间的资源没有统筹管理，也容易造成资源的浪费。

（4）对项目的实施控制不够完善。电子商务是一个新兴的领域，对其实施控制管理的研究目前还处于探索阶段，没有形成普遍的标准和规范，这是制约电子商务项目成功的关键因素。

（5）组织结构不适应电子商务项目要求。电子商务项目的成功与否，与其组织结构方面的能力高低有密切的关系。波士顿顾问公司在《电子商务组织企业：全球和亚太地区的挑战》报告中指出，亚太地区许多企业的电子商务战略将面临失败，除非它们能有效地组织企业，以应对电子商务的特殊挑战。

电子商务项目要求组织结构具有灵活性，有适应组织文化的能力，由于项目团队中部分成员为兼职人员，并且为跨部门工作，这就更需要组织结构便于部门间和个人间的横向交流，组织层次不宜过多，管理幅度适当，有利于协同工作。只有在以这样的组织结构作为保障的基础上，才有利于电子商务项目的成功实施。

（6）环境变化。电子商务项目的目标不是固定不变的，而是随着技术和竞争对手的变化而变更或更新的，在这种情况下，要及时变更项目进度计划；同时，也会有某些内部因素影响或外部环境变化，因此项目团队要保持积极的适应心态来面对环境的变化。

2. 成功的条件

电子商务项目是一种复杂的项目系统，具有灵活性、创新性、复杂性、高风险性和动态性的特点，由于其范围广泛、并行工作，更需要贯穿整个项目过程中的协调统一管理，使整个项目成员能够信息共享、资源配置合理，以达成协同工作。成功的电子商务项目需要具备以下几个条件。

（1）电子商务项目的目标与范围一开始就界定清楚。范围可能会随着工作进程而发生变化，但范围一定要随时与目标保持一致。

（2）根据里程碑判断整个进度表是否按时进行。电子商务项目实施过程中为可测任务划分出重要的里程碑，每个划分出来的子项目也划分出一系列的里程碑。管理者可以根据里程碑判断整个进度表是否按时执行。

（3）项目小组有良好的心态去适应来自外界和内部的变化，能积极地应对问题的出现，因为变化与问题正是电子商务的希望所在。

（4）项目经理的职责不是事无巨细，也不是泛泛地管理，而是很好地监督进程，评估项目里程碑及项目的最后结果，积极参与解决重大问题。

（5）项目团队高度协同工作，信息共享。项目团队的成员参与一部分管理工作，如界定、评估和更新自己的工作。

（6）项目管理是复杂的知识管理，需要现代化的管理手段。例如，建立"数据信息管理系统"，实现信息高度共享和资源动态调配，并逐步实现零距离沟通、实时管理和网上办公，为项目管理的实施提供强大的支持。

 案例分析

"美丽神器"App 开发项目

"美丽神器"是一款立足医疗美容行业的移动 App。针对目前医疗美容行业服务非标准化、信息不对称的现状，采用"社区+O2O"的模式，开发者提供了一个专注于美丽的在线平台，通过客户的交流与问题咨询及社区分享的方式，使整个医疗美容行业更加透明，帮助有整形需求的客户了解相关信息并进行一定的引导。

从医疗美容机构的角度来看，如何从众多整形医院机构中脱颖而出，如何将有潜力的消费者吸引过来也是一个大问题。从整个医疗美容行业来看，目前整个医疗美容行业一年的市场价值在 3 000 亿元左右。许多女性都有微整形的想法，微整形和传统意义上的整形不同，可能演化成一种美容手段，以后会被越来越多的人接受。

"美丽神器"App 创始于 2012 年下半年，于 2013 年 3 月正式上线。创始人任凌峰本科和研究生都是在丹麦就读的，他所学的专业是互联网多媒体，之所以会做"美丽神器"App，是因为恰逢当时一个朋友想做双眼皮，发现没有好的渠道了

解这方面的信息，于是任凌峰开始调研医疗美容领域，发现这个行业的市场前景相当广阔。医疗美容行业服务高度非标准化，信息非常不对称，许多女性不了解哪里做得好。于是任凌峰和四五个朋友一起组建团队创办了"美丽神器"。

创始人团队中，任凌峰对互联网接触多，主要负责线上。另一个合伙人李怡以前就在国内最早的整形网站里工作，手上有非常多的整形医院资源，负责商务拓展。还有个合伙人严琦威一直在营销领域工作，负责对外推广。整个公司分为技术开发部门、商务拓展渠道、客服顾问、市场运营和行政部门。

"美丽神器"目前有880万激活客户，是同类应用中客户量最多的。唯一在同一量级的App是"新氧"。"新氧"比"美丽神器"出现晚三四个月。两者在模式上并没有太大区别，基本是"社区+电商"模式。"新氧"成立于北京，而"美丽神器"总部在上海。相比之下，"美丽神器"主推"找专家""找机构"和"社区"功能，"社区"中除了整容经历的分享，还可以参与搭配、彩妆、瘦身、美发等热门话题的交流。"新氧"的主要功能则体现了浓厚的社交气息，其推出了客户积分制，每天登录签到和参与互动都有相应的积分奖励，客户之间互动很多。

"美丽神器"解决的核心问题是给想要了解医疗美容行业的客户提供比较真实、客观的信息，帮助客户找到适合自己的医生、医院。"美丽神器"目前不对客户收取任何费用，盈利端是在医院和医生这一块，包括广告费等。"美丽神器"未来可能会针对客户收费，如某些客户愿意在原有版本基础上体验一些高端服务。这里的高端服务还是以增值性服务为主，不会涉及医疗美容专业。

对于客户来说，如何在众多整形项目中做选择呢？"美丽神器"提供了两种方式。第一种是自动方式，客户能把自己的需求在系统里提出来，"美丽神器"就会针对客户的问题与需求，通过大数据进行分析，提供一个比较好的解决方式。第二种是人工方式，"美丽神器"也有自己的客服顾问，其所有的顾问都是从美容医院出来或受过专业培训的。除此之外，"美丽神器"也有社区功能，有经验的客户可以在社区分享自己的经历。"美丽神器"会提供足够的积分、返现等激励，促进客户在他的圈子里进行推广和分享。"美丽神器"首页的精华帖，是由运营团队通过客户的互动筛选过的。"做社区必须有很强的运营能力，一定要保证绝大部分都是客户真实的体验。"

对于医生、医院来说，"美丽神器"有专门的匿名评价体系。一旦出现差评，就会把它悬在进程中一个星期，然后通知医院那边，接着"美丽神器"会与客户进行沟通，与客户确认是否真正出现问题。"美丽神器"不会让医生直接与客户联系，同时"美丽神器"也不会强迫客户改差评。此外，"美丽神器"与医院谈判的议价能力是比较高的，这可促使医院给出有足够吸引力的微整形特惠项目。在早期，"美丽神器"会和医院制定规则。"美丽神器"会对客户进行回访，如果医院因为客户是团购客户就服务不好，或者存在强制性消费或不透明消费现象，就会被列入黑名单，终止与该医院的合作。

"美丽神器"的商业模式还有一大亮点就是会对客户提供线下的保障，"美丽神器"付费为客户买保险。考虑到客户大多数是年轻女性，还提供分期付款的方式。除此之外，"美丽神器"每个月在全国也有一些线下活动，如和医院合作、每个月几十个免费名额瘦脸针，还有一些化妆服饰搭配之类的活动，通过这些加强与客户之间的黏性互动。

思考：

1. 根据以上材料，请分析"美丽神器"这一项目处于项目计划周期的哪个阶段。

2. 根据以上材料，试列出"美丽神器"项目的利益相关方。

3. 根据以上材料，分析"美丽神器"项目取得目前成绩的原因。

 思考与练习

一、不定项选择题

1. 对于项目而言，"一次性"是指（　　）。

　　A. 项目时间短

　　B. 每个项目都有明确的起止时间

　　C. 项目将在未来不能确定的时候完成

　　D. 项目随时可能被取消

2. 可行性研究通常发生在项目生命周期的（　　）阶段。

　　A. 启动　　　　　　　　　　　　B. 开发

　　C. 实施　　　　　　　　　　　　D. 任何一个生命周期

3. 成功的项目管理通常是基于（　　）在多大程度上保持他对项目做出的承诺。

　　A. 项目经理　　　　　　　　　　B. 职能人员

　　C. 项目团队成员　　　　　　　　D. 项目主管

4. 项目干系人可能包括（　　）。

　　A. 最终用户　　　　　　　　　　B. 供应商

　　C. 公民　　　　　　　　　　　　D. 上述所有选项

5．以下哪些不是项目经理的职责？（　　　）

A．公司的战略决策　　　　　　　　　B．计划

C．控制　　　　　　　　　　　　　　D．指导项目实施

二、名词解释

1．项目

2．项目干系人

3．项目管理

4．电子商务项目

5．项目生命周期

三、简答题

1．什么是项目？举例说明项目所具有的特征。

2．电子商务项目的生命周期可以划分为哪几个阶段，每个阶段的主要任务是什么？

3．简述电子商务项目管理的过程。

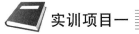 实训项目一

请成立 5 人左右的项目小组，根据素材文件（配套资源/第 1 章/实训项目一）的内容，对项目的目标及内容做简要描述，并分析其所具备的项目特征。

第 2 章 电子商务项目需求分析与可行性研究

📖 学习目标

- 了解市场调查的流程和信息收集的方法。
- 掌握电子商务项目需求产生、识别电子商务项目需求的方法和技术。
- 掌握电子商务项目需求分析、可行性分析的概念、内容和报告撰写方法。
- 理解社会效益分析对电子商务项目可行性判断的意义。

⊕ 知识要点

- 市场调研的内容、步骤与方法。
- 电子商务项目可行性研究的概念、目的、依据、类型、内容、步骤、方法。
- 电子商务项目可行性研究报告的撰写。

～ 导入案例 ～

湖北农时生态农业股份有限公司生鲜电商之路

湖北农时生态农业股份有限公司（以下简称"公司"）由湖北经济学院校友韩高科于 2009 年返乡创业兴办。公司位于湖北省仙桃市郭河镇，是一家集果蔬种植、精深加工、销售、冷藏与冷链物流于一体的农业科技示范型企业，主要采取"公司+基地+合作社+农户+品牌连锁直营超市与出口贸易（兼具网店营销、微营销）"的商业模式。

为了开拓生鲜电商业务，2016 年 3 月，公司与湖北经济学院签订校企合作协议，通过学校和企业的合作，确定湖北经济学院电商创业实验室（以下简称"实验室"）的学生团队作为公司电子商务的运营人员。

团队通过发布问卷、数据分析等方式进行了市场调查，了解到高校教师群体对优质农产品有需求，对新事物的接受程度较高，更倾向于使用微信，因此决定前期将目标市场定为湖北经济学院"汀兰苑"住宅区内的教师群体，并注册微信服务号、入驻有赞商城，销售优质农产品。考虑到生鲜产品的特性、生产基地与目标市场的距离，以及标准化农产品和非标准化农产品对包装、仓储、运输条件的不同要求，团队决定采用即时销售和众筹两种销售模式，前者针对日常生鲜，通过单品和套餐组合方式售卖产品，客户当日下单，当日晚上在生产基地采摘，次日早上运输至湖北经济学院并由工作人员送货上门，运输过程中利用碎冰对产品进行保鲜，以保证产品的新鲜程度；后者针对牛羊肉等季节性强的产品，提供以季节划分，以年为周期的全供应链产品服务，以销定产，降低销售风险。

2016年6月，线上平台搭建完成，"农时生态"微信服务号、有赞商城开始试运营。试运营一个月，累计成交近100单，客单价约20元。

因为生鲜产品保质期短、难储存、易损耗，所以需要进行冷链运输，但由于订单数量少，导致单笔订单配送成本过高，公司无法按照预期将产品次日送货上门。同时，极端天气无法及时配送等情况造成库存积压，产品损耗严重。经济、技术和实施等方面的问题让公司和团队举步维艰，大家意识到如果不对上述问题加以分析并解决，这种情形继续下去，势必会让公司面临巨大亏损。因此，公司在2016年8月决定暂停有赞商城的即时销售业务，对项目进行进一步整改。

思考：

你觉得该校企合作项目可行性高吗，为什么？

2.1 电子商务项目的需求分析

所谓电子商务项目的需求，主要指项目的客户从实际应用出发，有开展电子商务的需要，并有满足这种需要的经济条件。掌握电子商务项目需求的产生及识别是电子商务项目需求分析的核心。

电子商务项目
需求分析

2.1.1 电子商务项目需求的产生

需求是产生项目的基本前提，在实践中通过观察可以发现电子商务需求产生的原因，找到电子商务项目的实施机会。

1. 企业为了自身的发展需要产生电子商务项目需求

绝大多数企业为了自身发展，都会考虑如何利用新技术来节约成本、提高效率、提高竞争力；考虑如何在一个新的、比较高的起点上来发展新的业务；考虑调整经营方针，进行业务扩张。而电子商务因其优势，会帮助企业借助互联网平台，拓宽其产品销路并带来利润增长点，从而形成当前各行各业对电子商务的需求，这些都是发展电子商务项目的动机和方向。例如，在经济衰退和经济紧缩阶段，企业需要降低传统渠道的运行成本，采用电子商务的运作模式可以帮助企业达到这个目标，所以企业有开展电子商务项目的需求。

2. 电子商务领域本身处于发展时期会产生电子商务项目需求

随着当前国家"互联网+"战略的推行，发展电子商务是各行业借力互联网的首要途径。电子商务领域和产业正处于发展时期、上升时期，有很好的发展前景，它必然蕴藏或激发许多新项目的机会，所以要对这些新项目的需求进行分析，预测项目机会。例如，作为一个旅游饭店，建立自己的网站并且链接到有关的旅游门户网站，可能对扩大客源有好处。如果你所在的这座城市的大多数酒店都已经开展线上业务了，而你的酒店还没有，那你就可能失去一大批本应可以争取的旅客，丧失了一块市场。

3. 社会的发展、经济和经营环境的变化产生电子商务项目需求

随着国家信息化基础建设的步伐加快，企业开展电子商务的基础条件在不断改善，原来制约企业开展电子商务的许多瓶颈问题（如带宽问题、网上支付、安全认证、物流配送等）都逐一得到改善，每一个问题的解决，都是对电子商务需求的一个刺激，也是一次发起电子商务项目的机会。例如，电信系统服务降价，新一代计算机软件问世，第三方物流企业的发展，银行电子结算支付系统的不断完善，都有可能在一定的范围内、一定的程度上刺激企业对启动电子商务项目的需求。

2.1.2 电子商务项目需求的识别

电子商务项目需求识别就是明确项目需求，定义问题的过程，电子商务需求识别是电子商务项目管理的第一步。

1. 电子商务项目需求识别的目的

识别电子商务项目需求的实质，就是利用电子信息技术来满足商务活动的需求，从客户的业务特点出发，使其所期望的企业发展目标能借助电子商务手段和技术得以实现。电子商务项目概念阶段的首要工作任务就是识别需求，只有需求明晰了，才能策划好电子商务项目，才谈得上电子商务项目的可行性研究。

2. 电子商务项目需求识别的步骤

（1）了解电子商务项目的需求、要求和期望，熟知企业类型及适合的电子商务类型。随着信息技术和互联网应用的日新月异，电子商务项目需求日益呈现出多样性、不确定性和个性化特点。因此，分析人员就必须与客户进行充分沟通，共同进行互动式的需求挖掘。只有充分理解、挖掘客户的潜在需求，分析人员才能真正熟知电子商务项目的需求，这是电子商务项目成功的关键一环。

（2）访谈和调研。与相关人员的交流方式可以是会议、电话、电子邮件、小组讨论、模拟演示、面谈、问卷等不同形式。每次调研需要规范展开，有方案设计、有数据信息的采集和整理，便于后期的挖掘分析。调研对象的组成应以互补为原则，往往由技术人员、业务专家和管理者这3类人员组成。

（3）提炼、分析和整理需求。在分析客户需求时，分析人员要特别注意研究行业和客户需求的最新发展，判断客户提出的需求是否有充足的理由，特别是注意分析并识别客户没有明确提出来的隐含需求（有可能是实现客户需求的前提条件），这一点往往容易被忽略，实际中通常会因为对隐含需求考虑得不够充分而引起需求变更。

（4）确认需求范围。分析人员将客户需求分析的结果以适当的方式呈交给客户方和其他相关开发方的人员，双方需要共同确认所提交的结果是否真实地反映了客户的意愿。由于客户需求的不确定性，电子商务项目往往会落后于客户需求的变化，因此，系统整理和确认需求的范围对于电子商务项目的实施是相当重要的。

2.1.3 电子商务项目需求分析的内容

电子商务项目需求分析是经过深入细致的调研和分析，准确理解客户和项目的功能、性能、可靠性等具体要求，将客户需求表述转化为完整的需求定义。电子商务需求分析主要包括企业业务分析、市场分析和竞争对手分析。

1. 企业业务分析

所谓企业业务分析，就是从企业自身业务需求的角度出发，分析企业存在的电子商务需求，以及满足这些需求的途径和方法。

（1）企业业务分析的过程。企业业务分析的工作具体可以从以下几个方面来开展。①综合分析需求调研获得的一手资料和二手资料。重点分析企业的核心能力、运作中存在的突出问题；开展电子商务对巩固核心能力和解决问题是否有帮助，如开展电子商务可以提高效率、降低成本、提高客户服务水平、低成本扩大销售范围、增加销售量。②根据需求调研资料，分析电子商务能给企业带来的商机或利润增长点，如电子商务可以帮助企业拓宽销售渠道、品牌推广、开发基于互联网应用的新产品或服务。③提出需求建议。针对发现的问题和商机，结合企业的发展状况和实力，提出开展电子商务的建议，说明企业存在哪些电子商务需求，以什么方式可以满足这些需求。④以文字形式表述企业业务分析的内容。企业业务分析的内容包括行业发展分析、企业基本情况、企业存在的问题、电子商务需求及建议等部分，其中行业发展分析对于网络创业企业的项目设计是必需的。

（2）企业业务分析过程中需要注意的问题。①企业在需求分析时必须考虑商机的可达性，应避免空中楼阁式的伪需求。通过需求分析发现的电子商务给企业带来的商机必须具备一定的可达性，站在企业的角度要既能看得见又能摸得着，否则即使蛋糕客观存在，但你不具备吃蛋糕的条件，这一需求对你来说就成了不切实际的伪需求，后面所有围绕这一不可能实现的需求而展开的设计都将成为空中楼阁，变得毫无意义。②企业应结合调研资料实际说明开展电子商务对企业有哪些好处，避免脱离企业的实际业务空谈电子商务需求。理论上说，电子商务能为企业带来多项收益，如帮助企业提高效率、降低成本、扩大销售范围、增加销售量、提高客户服务水平、提升品牌知名度等，但是不同的企业基于其不同的业务和发展现状，在其中所能得到的收益是有区别的。例如，对于电子商务能够降低企业成本，有的企业通过网上订货系统，可以按需组织生产和货源，减少了材料的损耗，从而降低了成本；有的企业通过网上销售，其产品可以直接卖到客户手中，减少了中间环节，减少了对销售人员的需求，降低了渠道销售成本。所以，一定要结合企业的实际业务来说明电子商务能帮助企业解决哪些问题，带来什么商机，这样的分析才具有说服力。③企业业务分析不能只考虑企业本身是否有电子商务需求，还要考虑企业的产品或服务是否适合采用电子商务的方式。在企业生产经营的商品中，对于客户来说，不同的商品在选购和决定购买的行为上是有区别的，并不是所有商品都适宜网上销售。因而，在企业需求分析的过程中，不仅要看企业是否有电子商务需求，同时也要根据企业产品或服务的特色来选择网上开展的业务。

2. 企业市场分析

所谓企业市场分析，就是从企业目标客户的角度出发，分析他们是否具有互联网应用的基础，能否接受电子商务方式，以及有什么电子商务需求。企业业务分析研究的是企业自身是否具有开展电子商务的需求，而企业市场分析研究的是企业的目标客户是否需要电子商务，二者分析的出发点是不同的。

下面介绍企业市场分析的过程。

（1）分析目标客户的电子商务需求。在明确的电子商务模式下，企业要确定目标客户集中在哪些人群，目标市场在哪里。确定合适的目标市场是十分重要的。如果目标市场的范围确定得太大，将会耗费大量的人力、物力和财力；如果目标市场的范围确定得太小，又很难找到利润的增长点。企业的目标市场是根据企业的产品定位或服务内容来确定的，即分析哪些人群最喜欢企业的产品或服务。确定目标市场范围的基本原则是巩固现有的市场，开拓潜在的新增市场。

（2）将企业的目标市场细化为可供分析、度量的分组，为分析目标市场的特点提供基础。目标市场可以按照以下特性进行划分。①统计特性：主要依据一些特定的客观因素，诸如性别、民族、职业和收入等。②地理特性：主要是客户所在的国家、地区、工作环境和生活环境等。③心理特性：主要包括人格特点、人生观、信仰、阅历和愿望等。④客户特性：主要包括客户的上网情况、网上购买频率和网上购买欲望等。

（3）根据需求调研资料，结合分析中设想的电子商务模式，有针对性地总结目标客户有什么特点，能否接受、是否需要电子商务。这一步骤可使用的方法很多，如将企业的客户资料和中国互联网络信息中心（China Internet Network Information Center，CNNIC）所做的统计报告进行比较，了解客户上网和网上购物的情况，以此衡量电子商务的市场基础；又如，可以定期跟踪与分析 CNNIC 的统计报告，了解网民的变化情况与网上购物的发展趋势，以确定电子商务市场的发展空间。

（4）分析电子商务能给目标客户带来哪些好处。①从职业需求出发分析目标客户需要什么：企业提供的电子商务产品或服务能否与客户所需要的某些职业教育结合在一起？②从家庭生活需求出发分析目标客户需要什么：企业目前的产品或产品能满足这些需求吗？企业提供的电子商务产品或服务是否能更好地满足这些需求呢？企业能为众多客户在网上创造出他们所需要的社区环境吗？③从利益出发分析目标客户需要什么：企业提供的电子商务产品或服务能够为客户带来财富吗？能帮助客户开发额外的机会吗？如果企业能在网上为客户提供同样品质，但价格大大低于线下的商品，就一定会赢得客户的拥护。④企业是否提高了客户的乐趣或社会地位？

通过以上分析，明确目标客户存在哪些电子商务需求（如追求廉价、方便性和个性化等），电子商务是否满足他们的这些需求。

（5）以文字形式表述企业市场分析的内容，大致包括企业的目标市场、目标市场的特点和目标市场的电子商务需求等部分。

3. 竞争对手分析

所谓竞争对手分析，就是从企业竞争对手的角度出发，分析电子商务的需求，了解竞争对手电子商务的开展情况及运作效果。例如，竞争对手是否对本企业的业务构成威胁？竞争对手是否已成为本企业开展电子商务的障碍？对竞争对手效果良好的电子商务业务是否可以借鉴？竞争对手在网络运营方面的优势可能是后来者进入网络市场的巨大障碍，所以针对这些情况，还需要考虑应对措施。

在电子商务领域，竞争对手分析可按以下步骤展开。

（1）确认竞争对手。竞争对手分析首先要全面了解本行业主要竞争者的类型，大致可以分为直接竞争对手、间接竞争对手和潜在竞争对手。①直接竞争对手。他们是最激烈的竞争对手，其产品或服务与本企业具有极大的相似性，客户很容易转向他们购买产品或接受服务。②间接竞争对手。他们提供与本企业相似的替代产品或服务。这类竞争者可能具有相同或相似的价值取向，所以以具有相同的目标市场，只是提供的产品或服务不同。③潜在竞争对手。他们是那些虽然现阶段还没有进入市场，但随时都有可能进入市场的企业。

（2）分析竞争对手。①建立竞争对手分析档案，并进行系统分析。竞争对手分析档案是一张内容丰富的表格。它的第一列是竞争对手名单，第一行是能反映竞争对手同质性和异质性的一组判别标准，包括从企业咨询到竞争策略的信息。同时，将本企业的相关信息也列入表中，这样就可以使本企业与其他企业的市场竞争地位等相关情况一目了然。竞争对手分析档案是很有价值的分析工具，它可以帮助企业从企业信息、产品与服务信息、客户信息及竞争优势等几个方面对竞争对手进行比较分析。②了解竞争对手的电子商务战略和所开展的主要网上业务。企业是通过投入资产、技术及发挥自己的竞争优势获取成功的，可以通过全面浏览、测试与研究竞争对手的网站，寻找介绍竞争对手的相关资料，来分析竞争对手的电子商务战略、网上市场定位，以及在网上开展的主要业务。除了竞争对手的网站，其分析资料还有以下几个方面的来源。A. 年报。如果竞争对手是一家上市企业，可以从网上或报刊上直接获取其年报。B. 证券企业。每家大型的证券企业都有相关的部门负责收集、分类和分析各种经济数据。C. 政府部门。政府的相关管理部门，如证监会、商务部等。D. 互联网。此外，企业还可以通过各种搜索引擎搜索相关的信息。③研究竞争对手网站的设计结构与运行效果。这部分主要包括竞争对手网站的功能和信息结构分析、竞争对手网站的设计风格评价、竞争对手提供的产品种类与服务特色分析、竞争对手商务模式分析和业务流程分析、竞争对手网站客户服务效率分析、竞争对手网站信息更新频率分析等内容。

调查与分析竞争对手的目的是了解竞争对手是否开展电子商务，剖析已经在网上开展了电子商务的竞争对手的情况，分析竞争对手的优势和劣势，研究竞争对手电子商务运作的效果。通过竞争对手分析，企业可以明确其在竞争中的地位，以便制定本企业更具有竞争力的发展战略。

2.1.4　电子商务项目需求分析的步骤与方法

1. 市场调研是电子商务项目需求分析的基础

电子商务项目需求分析实质上是要了解企业现阶段具有哪些电子商务需求，以便确定是否有必要开展电子商务。而要准确地发现和识别电子商务需求，就必须对企业的运行状况、经营环境、竞争态势和市场机遇进行细致的观察和准确的分析。市场调研是电子商务项目需求分析的基础，通过市场调研，掌握大量的一手资料和二手资料，充分了解企业的内部和外部情况，为后续电子商务需求分析提供依据。

2. 市场调研的内容

电子商务市场调研主要包括行业发展调研、企业业务调研、目标市场调研和竞争对手调研等 4 个方面的内容。

（1）行业发展调研。通过查阅行业分析报告等途径，了解企业所在行业的情况，了解该行业的市场规模、特点及电子商务的发展前景。该项调研大致包括以下内容。

① 行业的市场规模有多大？

② 行业有什么特点？

③ 行业发展程度如何？

④ 行业发展趋势是怎样的？

⑤ 电子商务目前在该行业扮演怎样的角色？

⑥ 行业的电子商务发展前景如何？

（2）企业业务调研。通过查阅企业内部档案及与业务人员访谈等方式，了解企业的有关情况，以发现问题、寻找机会。该项调研大致包括以下内容。

① 企业的主营业务是什么？

② 企业目前采用什么商务模式？

③ 企业的业务流程是怎样的？

④ 企业拥有哪些资源？

⑤ 企业的优势在哪里？

⑥ 企业在生产经营中存在哪些问题？

（3）目标市场调研。通过查阅各类互联网分析报告及开展问卷调查等方式，了解企业目标客户对电子商务的接受程度和需求情况，为后续的市场分析提供依据。该项调研大致包括以下内容。

① 企业主要的目标客户是谁？

② 目标客户的基本特点（年龄构成、教育情况和收入情况等）有哪些？

③ 目标客户的区域分布如何？

④ 目标客户的信息化程度如何？

⑤ 目标客户的网上购物倾向如何？

⑥ 目标客户的个性化需求如何？

⑦ 目标客户对价格的敏感程度如何？

企业在目标市场调研中，可以使用中国互联网络信息中心（CNNIC）所做的调查报告。CNNIC 作为国家级的互联网络信息中心，会定期或不定期地开展互联网的有关调查，如一年两次的"中国互联网络发展状况统计调查"和不定期的"中国互联网络热点调查"等。这些调查报告中包含许多有参考价值的数据和结论。

（4）竞争对手调研。通过问卷调查、搜索引擎搜索或对竞争对手网站进行研究等方式查找竞争对手的相关资料，企业可了解竞争对手的电子商务实施情况，为后续的电子商务要求分析提供依据。该项调研大致包括以下内容。

① 竞争对手是谁？

② 竞争对手是否已经实施了电子商务？

③ 竞争对手实施电子商务的效果。

④ 竞争对手的电子商务业务对本企业的经营造成了哪些影响？

⑤ 竞争对手的客户对其电子商务业务有哪些正面和负面的反映？

⑥ 竞争对手的电子商务业务有哪些经验可供借鉴？

⑦ 竞争对手的电子商务业务有哪些教训需要吸取？

3. 市场调研的步骤

要确保市场调研的质量，必须制订周密的调研计划，遵循科学的调研程序。市场调研通常分为制订调研计划、实施需求调研、整理和分析调研资料及撰写调研报告 4 个具体步骤。

（1）制订调研计划。①确定调研目标。确定调研目标就是明确本次调研要达到什么目的，该目标可以是了解企业存在什么问题，具有哪些电子商务需求，电子商务能给企业带来哪些新的商机，或者企业的经营环境和竞争情况。明确调研目标是确定后续工作内容的基础。②选定调研对象。调研对象是指电子商务系统的使用者或管理者，既可能是企业内部的相关人员与部门，也可能是相关的供应商或渠道商，还可能是目标客户。调研对象可以是企事业单位，也可以是某个单位的一些部门或某些个人。③确定调研方法。确定调研方法是指通过什么方式来收集资料。目前常用的调研方法包括现有资料分析法、问询法、座谈会法和观察法等。每一种调研方法都有各自的优缺点（见表 2-1），所以往往需要调研人员根据调研的目的和对象采用不同的方法或者几种方法组合使用。④确定调研时间、人员和资金预算。确定调研时间是指根据调研内容的多少和时间的要求，有计划地安排调研的进度，以便使调研工作有条不紊地进行。例如，应该何时做好准备工作，何时开始并在多长时间内完成某调研项目等。调研时间表应包括制订调研计划、实施需求调研、整理和分析调研资料及撰写调研报告等的时间安排。调研人员数量是根据调研工作量与调研时间表的安排而确定的。通常，调研人员由领队、调研员和需求分析人员等组成调研小组。在调研过程中，与调研对象协调是极其重要的工作，往往由调研小组的领导人员负责此项工作或专门建立协调机制，以保证最大可能地搜集到调研对象的信息。调研的资金预算主要包括调研所需要的交通费、场所使用费、人力资源成本和耗材费等。

表 2-1　市场调研的方法及优缺点

方法	具体解释	优点	缺点
现有资料分析法	也称为文案调查法，是调研人员充分了解调研目标后，搜集企业内、外部资料，通过衔接、对比、调整、融会等手段，综合分析后得出市场调研报告的方法。现有资料的主要来源如下：①企业内部档案，如财务报告、销售记录、剪报和影音资料；②外部机构调研资料，如政府的统计调查报告、学术研究机构的调查报告和调研公司已有的调研报告等；③外部期刊或专业书籍、杂志；④各类展会的免费或有偿资料、展品和宣传品等；⑤竞争对手的对外宣传、公报、正面或侧面的报道和采访等	①成本低廉而且节省时间。②提供解决问题的参考方法。通过查阅现有资料，能发现已有的案例，甚至可以直接发现什么是正确决策。③提供必要的背景或补充材料，可以使结论更具说服力	①可得性。很多问题一般没有现成的资料或资料不充分。②相关性。受对象、形式或方式的影响，现有资料缺乏相关性，无法使用。③准确性。资料中会存在错误或来源不明、可信度不高，以及研究倾向或立场差异的问题
问询法	也称为问卷法或访问法，是通过直接或间接询问的方式搜集信息的调研方法。通常的做法是由调研机构根据调研目标设计调研问卷，选定调研对象，通过调研人员对调研对象的访问得到调研的一手资料，最后经统计分析得出调研结果。问询法可以分为访谈法、电话法、邮寄调研法和留置问卷法等方法	调研人员可以提出已经设计好的各种问题，收集比较全面的一手材料	调研结果的科学性容易受到调研人员对调研主体的专业程度及对问询法的熟练程度等的影响

方法	具体解释	优点	缺点
座谈会法	也称为客户沙龙法或焦点小组访谈法,一般由8～15人组成,在一名主持人的引导下对某一主题或观点进行深入讨论。座谈会法的关键是使与会者相互激发,引导话题深入进行,使与会者对主题进行充分和详尽的讨论,从而全面、彻底地了解他们对某种产品、观念、组织或者社会现象等的看法和见解	座谈会法通常作为在进行大规模调研之前所进行的试探性调研。它可以了解到与会者的态度、感受和满意程度。合格的受访者和优秀的主持人是座谈会法成功的关键	调研人员应避免将调研结果推广到所有的受众,由于样本规模太小,很难具有完全的代表性
观察法	是调研人员通过观察被调研人员的活动而取得一手资料的调研方法。由调研人员采用耳听、眼看的方式或借助各种摄像、录音器材,在调研现场直接记录正在发生的行为或状况。成功地运用观察法,并使其成为市场调研中的数据收集工具,必须满足3个条件:①所需信息必须是能够观察到的或能从观察到的现象中推测出来的;②所要观测的对象必须是充分的、频繁发生的,或在某方面是可预测的,否则成本无法控制;③所要观测的行为或现象必须是相对短期的,否则,使用观察法难度较大	①观察法是一种有效的信息收集方法,它可以避免许多由于调研人员或问卷法中的问题所产生的误差和错误,可以更快、更准确地收集资料。②观察法可以避免让被调研人员感觉到正在被调研,被调研人员的活动不受外在因素的干扰,从而提高调研结果的可靠性	①现场观察只能看到表面的现象,而不能了解到其内在因素和缘由;②并且在使用观察法时,需要反复观察才能得出切实可信的结果;③同时也要求调研人员必须具有一定的业务能力,才能看出调研结果

（2）实施需求调研。①调研准备。在调研计划的基础上,对调研小组的每个成员进行分工,让每位调研人员了解调研目标及任务,做好调研实施前的准备。例如,对于问卷方式,要设计好调查问卷;对于座谈会方式,则对每一个调研对象都要分别列出需要调研的问题,由此制作出有针对性的调研问题列表。②需求调研。需求调研是将调研计划付诸实践的行为,这一工作就是以调研计划为指导,执行事先设计好的调研表中所列的任务。例如,采用座谈会方式,就要将所列问题与调研对象进行沟通,明确业务流程与调研对象的期望,搜集相关的文字资料与数字资料。此环节成本最高,耗时最久,并且由于收集信息的质量直接影响对其进行分析所得到的报告结果的可靠性,因而在此环节一定要采取各种监管措施,保证能收集到所要的全部信息,并保证信息的准确可用性。

（3）整理和分析调研资料。收集的调研资料通常是杂乱的,有的甚至是重复无用的,这就需要按照调研目标进行归类整理,剔除与调研目标无关的因素及可信度不高的信息,对余下的信息进行全面系统的统计和理论分析,使资料系统化与条理化。

在进行该项工作时,调研人员首先应审查信息的完整性,如所需信息并不完备,则需要尽快补齐;其次,应根据本次调研目标及对所收集信息的质量要求,判断信息的真实性，对信息进行取舍；再次，对有效信息进行编码和登录等，建立数据文件库；最后，依据调研方案规定的要素，按统计清单处理数据，把复杂的原始数据变成易于理解的解释性资料，并应用科学的方法对其进行分析综合，从而得出有价值的结论。在分析的过程中，调研人员应严格以原始资料为基础，实事求是，不得随意扩大或缩小调查结果。

（4）撰写调研报告。调研报告是对调研成果的文字反映，其主要内容包括调研目标、调研过程、调研方法和调研总结。调研报告是调研工作的最终成果，应该具有真实性、客观性和可操作性，能切实为企业提供有用的信息和建议，为企业规划电子商务提供各种依据和参考。

除正文以外，调研人员还应该将调研过程中的各种详细记录作为调研报告的附件，供日后参考查阅。

2.2　电子商务项目的可行性研究

有明确需求的项目不一定是值得投资的，不一定能给企业或投资者带来期望的收益，因此需要对电子商务项目是否能满足预期目标、是否可行，进行系统的研究。

电子商务项目
的可行性研究

2.2.1　电子商务项目可行性研究的概念及目的

1. 电子商务项目可行性研究的定义

电子商务项目可行性研究主要是系统分析电子商务项目在市场、技术和经济上的可行性。该分析要回答以下问题：技术上是否可行？财务指标的具体表现？需要投资多少？能否筹集到全部资金？需要多少时间完成？需要多少人力、物力资源？

2. 电子商务项目可行性研究的目的

电子商务项目可行性研究的目的是避免盲目决策而给企业带来损失，减少投资失误，对拟建的电子商务项目在投资前涉及的各方面的因素进行全面分析，系统地论证项目的必要性、可能性、有效性和合理性。主要通过对电子商务项目必要性和技术、经济条件进行综合分析，如电子商务项目中是否有关键性的技术或问题需要解决？电子商务项目是否有前途？投资条件是否成熟？技术水平是否适宜？经济投入与产出是否合算？怎样可以规避风险、达到最佳效益？等。

2.2.2 电子商务项目可行性研究的依据与类型

1. 电子商务项目可行性研究的依据

对一个拟建的电子商务项目进行可行性研究，除了企业自身发展这些微观层面的依据外，政策、法规、国家战略规划等这些宏观层面的因素可能会是电子商务项目的助推力，当然也有可能是约束力。所以，电子商务项目的可行性分析必须在国家的规划、政策和法规的指导下完成。电子商务项目可行性研究工作的主要依据有以下内容。

（1）国家经济和社会发展的长期规划，部门与地区规划，经济建设的指导方针、任务、产业政策、投资政策和技术经济政策，以及国家法规和地方法规等。

（2）经过批准的电子商务项目建议书和在电子商务项目建议书批准后签订的意向性协议等。

（3）由国家批准的资源报告，国土开发整治规划、区域规划和工业基地规划，对于交通运输项目建设要有相关的江河流域规划与路网规划等。

（4）国家进出口贸易政策和关税政策。

（5）当地的拟建厂址的自然、经济、社会等基础资料。

（6）有关国家、地区和行业的工程技术，经济方面的法令、法规、标准定额资料等。

（7）国家颁布的建设电子商务项目可行性研究及经济评价的有关规定。

（8）包含各种市场信息的市场调研报告。

2. 电子商务项目可行性研究的类型

电子商务项目可行性研究一般分为 3 种类型：机会研究、初步可行性研究和详细可行性研究。这 3 种类型的研究一般依次进行，从而构成了一个从粗到精、由表及里、逐步深化的过程。在实际工作中，可根据电子商务项目的规模和繁简程度把前两种类型省略或合而为一，同一个电子商务项目可能要进行多次可行性研究。

（1）机会研究

在项目需求识别、构思和策划阶段进行的可行性研究叫作机会研究。机会研究是以项目客户的某种需求为动因的，通过自然资源、社会和市场的调查和预测来确定项目，识别并分析项目的投资机会。对于电子商务项目应侧重于研究企业对电子商务需求和引入电子商务的市场机遇，对拟建的电子商务项目的机会做粗略的研究和估计，最终形成确切的电子商务项目发展方向或投资领域的过程（或称投资项目意向），并将投资项目意向转变为概括的电子商务项目提案或建议。

（2）初步可行性研究

对拟定的电子商务项目进行了机会研究之后，认为有进行投资的必要性，这时就要对电子商务项目方案做初步的论证估计，提出较完整的投资设想，这就是初步可行性研究。初步可行性研究的主要目的是，对企业所属行业的电子商务发展趋势预测；拟投资的电子商务项目的技术构成和规模，需要投入的资金且能否筹集到足够的资金，项目完成的时间，需要多少人力、物力资源，系统建成后企业的竞争优势分析等。此类型研究不能像机会研究那样以定性为主，而是要对投资项目的各个方面进行定量测算。经过初步可行性研究，可以形成初步可行性研究报告，该报告虽然比详细可行性研究报告粗略，但对电子商务项目较全面的描述、分析和论证。所以，电子商务项目的初步可行性研究报告可以作为正式的文献供决策参考，也可以作为依据形成电子商务项目建议书，通过审查电子商务项目建议书决定电子商务项目的取舍，即通常所说的"立项"决策。

（3）详细可行性研究

对于电子商务项目，尤其是大型复杂的电子商务项目来说，在经过机会研究、初步可行性研究以后，经过专家论证认为可行，还要花费更大的力量进行更精确的可行性研究，这就是详细可行性研究。详细可行性研究又称为项目的技术经济可行性研究或项目最终可行性研究，是项目可行性研究阶段甚至是整个项目概念阶段的一项重要的工作，其研究结果的广度和深度、准确性和精确度应该满足审批机关确定投资决策的要求。该项研究工作是在项目决策前对与电子商务项目有关的工程、技术、经济等各方面条件和情况进行详尽、系统、全面的调查、研究和分析，对各种可能的建设方案和技术方案进行详细的比较、论证，并对项目的市场前景、建成后的经济效益、国民经济和社会效益进行预测和评价的一种科学分析过程和方法，是项目进行评估和决策的依据。电子商务项目的详细可行性研究，更要为项目提供技术、经济等方面的充足依据，提出具体的支出预算数字，提供实施计划的详细进度，并对投资的回收做出比较精确的预测。

机会研究、初步可行性研究和详细可行性研究，仅仅是在分析的精确程度上要求不同，三者在研究的内容和步骤方面大体是一致的。

2.2.3 电子商务项目可行性研究的内容

1. 电子商务项目技术可行性研究

电子商务项目技术可行性研究主要包括以下几个方面的内容。

（1）技术先进性和成熟性分析。技术先进性是指系统设计应当立足先进的技术，采用最新的技术成果，从而使系统设计具有一个较高的起点。系统设计之所以要选择先进的技术，是因为电子商务系统的实现技术发展很快，而系统设计的建造则需要一定的时间，如果在系统设计的开始阶段，没有在技术上领先，将对企业电子商务的竞争能力产生不利影响。

当然用的技术也不是越先进越好。一方面，技术相对于项目本身的需求过于超前会导致成本升高，造成浪费；另一方面，过于超前的技术未必稳定成熟，电子商务系统建设在注重技术先进性的同时还要注重技术成熟性。

所谓技术成熟性是指建设系统时应选用符合标准的或受到市场欢迎并广泛认同的技术。电子商务项目实施是一项复杂的工程，如果选用的技术不注重标准化，将难以保证系统运行的稳定可靠，可能给企业带来损失，对企业的服务、形象等方面带来不利的影响，因此企业的电子商务项目在技术上应坚持先进性和成熟性并举的原则。一方面，企业要选择先进的技术，在满足需求的基础上要适度超前并具备良好的可扩充性，以保证系统建成后的性能和应用周期；另一方面，企业要选择一些比较成熟的技术，以确保采用技术的可实现性及日后系统运行的可靠性。

（2）技术支持度分析。技术支持度包含两个方面：一是项目建设的技术支持度，即分析满足应用功能需要使用哪些技术及这些技术的可得性。企业在技术的选择上要充分考虑对系统功能实现的支持程度，要选择能够充分支持功能需求的技术。例如，企业建立商务网站的目标是在网上销售商品并与供应商、合作伙伴等进行网上的信息交流，那么商务网站的主要功能包括信息浏览、信息检索、信息反馈、网上支付、网上认证等，为此可能既需要配备包括 WWW 服务器、数据库服务器、邮件服务与认证服务器、防火墙/代理服务器、中间组件、网络服务操作系统等在内的软硬件，还需要开发商务应用系统。经分析，以上需求可分为平台构建和应用系统开发两大部分，目前市场对这些技术的支持程度是充分的，其中平台构建部分可在众多厂家的产品中进行优选并集成，应用系统开发部分如果本身没有技术力量，可采用外包的方式开发。

二是项目运行的技术支持度，即分析项目建成后，企业是否具备足够的技术力量维持系统的正常运行。例如，以网上销售为目的的电子商务网站，建设方案从性能、开放性方面考虑选择了小型机和 Unix 系统，如果企业没有相配套的 Unix 运行维护队伍，那么系统投入运行后的技术支持程度就会成问题。这种情况下要么调整采用的技术以满足技术支持要求，要么建设与系统运行相配套的技术支持体系，如投入资金培训 Unix 维护人员或服务外包。

（3）与原有技术或资源衔接程度分析。很多企业为提高生产和管理的需要，在电子商务系统建设之前已经建立了相关的信息系统，因而在考虑采用技术时，应优先选择与企业原有技术衔接程度高的技术，这样无疑可以节省大量的人力、物力和财力等方面的开支。例如，从操作系统的体系结构来看，目前主流的产品分成 Unix 和 Microsoft 两大家族。产品所要求的硬件环境、开发手段和维护都有所不同。如果企业准备建设在线销售网站，而原先的内部信息系统是基于 Windows 体系建设的，那么在功能、性能满足要求的前提下，网站建设应首选 Windows 架构，以便于利用现有技术资源，并方便日后的系统集成与维护。

2. 电子商务项目经济可行性研究

电子商务项目的经济可行性研究，是通过对电子商务项目成本与可能取得的效益进行比较分析，即通常所说的成本效益分析，来判断电子商务项目的可行性程度。

（1）电子商务项目投入成本估算。根据信息系统成本分析的方法，可以将电子商务系统的成本分为规划建设成本与运行管理成本两部分，表 2-2 所示为电子商务项目的成本细分。

表 2-2　电子商务项目的成本细分

规划建设成本	系统规划成本	调查分析
		方案设计
	系统建设成本	软硬件购置成本
		ISP 服务成本
		系统开发成本
运行管理成本	运行成本	网站推广成本
		人员成本
		耗材成本
		域名、通信线路等成本
		安全成本
	管理成本	系统完善成本
		系统纠错成本
		数据更新成本
		岗位培训成本

（2）电子商务项目产出效益评估。企业通过电子商务项目获得的效益可以从直接经济效益和间接经济效益两方面进行分析。

① 直接经济效益。直接经济效益是指电子商务系统建成运行后所产生的经济效益。电子商务的直接经济效益主要包括以下几个部分。

- 降低管理成本。电子商务通过使用电子手段、电子货币等，大大降低了管理成本。

- 降低库存成本。大量的库存意味着企业流动资金的占用和仓储面积的增加。利用电子商务可以有效地管理企业库存，降低库存成本，这是电子商务企业的生产和销售环节中最突出的特点。

- 降低采购成本。利用电子商务进行采购，企业可以提高劳动效率和降低采购成本。

- 降低交易成本。虽然企业从事电子商务需要一定的投入（如域名、软件系统、硬件系统的维护成本），但是与其他销售形式相比，使用电子商务进行交易的成本将会大大降低。

- 提高时效效益。企业通过电子商务能够使商务周期加快，使商家提前回笼资金，加快资金周转，使单位时间内一笔资金能从事多次交易，从而增加年利润。

- 扩大销售量。通过电子商务，企业产品可以打破地域限制，有更多的市场空间和交易机会，能够扩大销售量，为企业获取更多的利润。

- 销售广告版位。电子商务系统的网站可以通过出售广告版位来获得利润，这需要电子商务系统的网站知名度高。

② 间接经济效益。间接经济效益是指电子商务系统通过对相关业务的积极影响而获取的收益。间接效益的估算更困难。因为电子商务系统通过提高管理水平、增强反应和应变能力等方式，使企业的许多部门和岗位都受益，这其中有的是有形的，有的是无形的，要对此做出准确估计的难度相当大，电子商务的间接效益主要包括以下几个方面。

- 提升工作效率和管理水平所带来的综合效益。

- 提高企业品牌知名度所带来的综合效益。

- 实施电子商务后，由于信息迅速、准确得以传递而获得的收益。

- 企业通过互联网为客户提供产品的技术支持，一方面可以为企业节约客户服务成本，另一方面可以提高服务的水平和质量。

（3）确定电子商务项目的经济可行性。根据上述投入成本估算和产业效益评估，采用合适的财务评价方法来确定电子商务项目在经济上是否可行。需要指出的是，电子商务系统的效益并不仅仅体现在可以货币化的直接经济效益上，不是所有的投资都有足够的直接经济效益，甚至都未必有直接经济效益，有时候难以货币化的间接经济效益比直接经济效益要大得多，所以进行电子商务项目的可行性分析时，一定要认真考虑项目能产生什么经济效益，既可以是直接经济效益，也可以是间接经济效益，否则企业管理层不会通过项目立项。例如，某大型企业计划开展一个物流系统项目，在经济可行性分析中，对项目的经济效益主要是提到应用了这个物流系统以后，将提高物流的工作效率：以前是手工输入，将来是无线条形码机器扫描；以前是人工打单，将来是机器自动生成和打印等。该企业管理层认为投资这么大，只取得这样一些间接经济效益，主要的好处只是"自动化"和"减少人工"，从而判定这样的投资不合理、不合算，要求重新考察项目的可行性。物流和IT部门经过重新考察，修订了投资的策略和目的，提出的新报告补充并细化了经济效益内容。例如，通过快速的物流系统能够降低库存2~3天，相当于节约了多少资金；通过自动化的系统能够全面实现自动的"先进先出"，减少物料过期，根据过去的历史数据，相当于每年减少多少金额的物料损耗等。这样调整后的报告再次呈交给企业管理层的时候，很快就获得了通过。

说到底，直接经济效益和间接经济效益并不是一个单一的关系，而是相互影响的，对于电子商务项目来说往往间接经济效益的比重反而更大，因而在确定电子商务项目的经济可行性时要认真分析、综合考虑，才能得出客观、准确的结论。

3. 电子商务项目的实施可行性研究

电子商务项目的实施可行性研究是指对实施电子商务而采取的业务流程重组、人力资源调整、行业利益分配等方面的因素进行分析，从而得出在业务实施方面电子商务项目是否可行的结论。

电子商务项目的实施可行性主要可以从内部管理和外部环境两个方面的可行性加以分析。

（1）内部管理可行性。内部管理可行性是确定企业是否在内部管理方面具有电子商务系统开发和运行的基础条件，可考虑的因素包括以下几个方面。

① 领导、部门主管对电子商务项目建设是否支持？态度是否坚决？

② 业务管理基础工作如何？企业现行业务流程是否规范？

③ 电子商务系统的开发运行可能导致企业部门利益调整，如它降低了某个部门的贡献，而目前的激励机制是基于部门的，那么这些部门能否接受？是否配合？会产生多大的阻力？

④ 企业管理人员和业务人员对电子商务应用能力和认可程度如何？新系统的开发运行导致业务模式、数据处理方式及工作习惯的改变，他们能否接受？

（2）外部环境可行性。电子商务项目是在社会环境中运行的，除了技术因素与经济因素外，还有许多社会环境因素对电子商务项目的发展起着制约的作用。因此，还要从外部环境上分析电子商务项目的可行性。外部环境可行性分析可考虑的因素包括以下几个方面。

① 准备开发的项目是否可能违反法律？比如，有些电子商务活动在一个国家是合法的，但在另一个国家就可能是非法的。

② 准备开发的项目是否符合政府法规或行业规范的要求？

③ 外部环境的可能变化对准备开发系统的影响如何？

④ 网上客户对项目提供的功能、性能和内容等诸多方面是否满意？

⑤ 企业合作伙伴对本企业开展电子商务项目是否支持？企业合作伙伴的利益是否受到影响，是正面影响还是负面影响，程度如何？如果是负面影响他们可能采取什么行动？反过来又会对本企业产生哪些副作用？怎样避免或减少这些副作用？

例如，企业开展网上销售，不可避免地会面临网上渠道和线下渠道的价格冲突问题。互联网面向全国，而线下渠道中的不同区域代理商的价格可能有差异，线下的代理商本来就有“窜货”的现象，互联网加剧了这个现象。

2.2.4 电子商务项目可行性研究和评价的方法

电子商务项目可行性研究是对电子商务项目是否可行进行的分析、论证和评价。较多的电子商务项目的可行性会通过其在经济效益上的表现来衡量。具体操作是需要先对电子商务项目相关的财务数据进行预测，包括电子商务项目的总投资、总成本、利润等关键数据，再基于这些关键数据，根据关键财务指标对电子商务项目的营利能力进行分析，包括项目的收益率、投资回收期等。

1. 财务基本数据预测

电子商务项目财务基本数据预测是整个财务评价的基础，其数据预测的准确性，将直接影响财务评价投资决策的准确性。

（1）项目总投资预测。项目总投资按其经济用途可分为固定资产投资和流动资金投资。固定资产投资包括可以计入固定资产价值的各项建设成本支出，以及不计入交付使用财产价值内的应核销投资支出（如不增加工程量的停、缓建维护费）。流动资金由储备资金、生产资金、产成品资金、结算及货币资金组成。电子商务项目总投资额的计算公式为：

项目总投资额=固定资产投资+固定资产投资贷款利息+流动资金投资　（2-1）

（2）项目总成本预测。项目总成本是指项目在一定时期内生产和销售产品而花费的全部费用。项目总成本是反映项目所需物质资料和劳动力消耗的主要指标，是预测项目营利能力的重要依据。电子商务项目总成本的计算公式为：

$$项目总成本=外购材料+职工工资+职工福利费+固定资产折旧+$$
$$修理费+租赁费+摊销费+财务费+税金+其他成本 \qquad （2-2）$$

（3）销售收入和税金的预测。销售收入是指拟建项目建成投产后，其产出的各种产品或服务销售所得的财务收入。销售收入的计算公式为：

$$销售收入=产品销售量×产品销售价格 \qquad （2-3）$$

在电子商务项目经济评价中，所涉及和考虑的税金包括两部分，即销售税金和附加及所得税。其中，销售税金和附加包括增值税、营业税、资源税、消费税、城市建设维护费及教育费附加，它们不计入成本而从销售收入中扣除，是企业在计算利润前须向国家缴纳的税金，而所得税直接从利润中扣除。税金的预测可根据以上所预测得到的销售量和销售收入乘以相应的税率得到。

（4）项目利润的预测。通过利润的预测，企业可以估算拟建电子商务项目投产后，每年可以实现的利润和企业每年可以留存的利润额。电子商务项目利润总额的计算公式为：

$$项目利润总额=产品销售收入-总成本-销售税金及附加税后利润$$
$$=利润总额-所得税 \qquad （2-4）$$

2. 现金流量表估算

电子商务项目现金流量表反映了电子商务项目生命周期内现金的流入和流出情况，表明了该电子商务项目获得现金和现金等价物的能力，可以反映电子商务项目在生命周期内的营利或偿债能力。根据上述关键财务数据的预测，就可以得到电子商务项目生命周期内每年的现金流入量和现金流出量，现金流量表是指将两者之间的差额（现金流入量减去现金流出量）列成的表格。现金流量表一般由 3 部分组成，即现金流入、现金流出和净现金流量。

（1）现金流入。现金流入是指项目建成投产后所取得的一切现金收入，它主要包括以下几个方面。

① 销售收入：此项是投资项目现金流入的主要来源。

② 回收固定资产余值：是指固定资产报废后的残值减去应支付的固定资产清理费用后的那部分价值。为了简化测算，一般项目的净残值率为 3%~5%，中外合资企业项目的净残值率为 10%以上，它在项目计算期最后一年回收，其计算公式为：

$$回收固定资产余值=固定资产原始值×固定资产净残值率 \qquad （2-5）$$

③ 回收流动资金：在建设期和生产期该项资金的流入为零，当项目生命周期结束时，可以收回垫支的流动资金，从而形成现金流入的一项重要内容。

（2）现金流出。现金流出是指一个项目从开始建设到结束的全过程中，为该项目投入的所有资金。现金流出的计算公式为：

现金流出=固定资产投资+流动资金+经营成本+销售税金及附加+所得税 （2-6）

式（2-6）中

经营成本=总成本-折旧-流动资金利息-摊销费 （2-7）

（3）净现金流量。净现金流量是指现金流入量与现金流出量之间的差额，它是项目生命周期内的历史净效益。当它为负值时，表示该项目在当年的现金流入量小于现金流出量；反之，表示该项目在当年的现金流入量大于现金流出量。净现金流量的计算公式为：

净现金流量=现金流入量-现金流出量 （2-8）

3. 静态评价法和动态评价法

在估算出电子商务项目的基础财务数据以及得到电子商务项目生命周期内的现金流量表的基础上，我们就可以进行关键财务指标的计算和分析了。但是我们会发现现金流量的差异不仅仅是数量上的差异，还存在现金流量产生的时间上的差异。资金的价值与时间有密切关系，资金具有时间价值。同等数量的资金由于处于不同的时间而产生的价值差异，称为资金的时间价值。在进行财务指标计算时，考虑资金的时间价值的方法就称为动态评价法，不考虑资金的时间价值的方法就称为静态评价法。

（1）静态评价法

① 投资收益率与投资回收期。投资收益率 E 是项目投资后所获得的年净现金收入（或利润）R 与投资额 K 的比值，其计算公式为：

$$E = \frac{R}{K} \qquad （2-9）$$

投资回收期 T 是指用项目投产后年净现金收入（或利润）补偿原始投资所需的年限，它是投资收益率的倒数，其计算公式为：

$$T = \frac{1}{E} = \frac{K}{R} \qquad （2-10）$$

若项目的年净现金收入不等，则投资回收期为使用累计净现金收入补偿投资所需的年限，投资收益率则是相应投资回收期的倒数。

投资项目评价原则：投资收益率越大，或者说投资回收期越短，经济效益就越好。不同部门的投资收益率 E 和投资回收期 T 都有一个规定的标准收益率 $E_标$ 和标准回收期 $T_标$，只有当评价项目的投资收益率 $E \geqslant E_标$，投资回收期 $T \leqslant T_标$ 时项目才是可行的，否则项目就是不可行的。

② 追加投资回收期和追加投资收益率。所谓追加投资是指不同的投资方案所需投资之间的差额，追加投资回收期 T_a 就是利用成本节约额或者收益增加额来回收投资差额的时间。

若用成本节约额表示的追加投资回收期 T_a 的计算公式则为：

$$T_a = \frac{K_1 - K_2}{C_2 - C_1}$$ （2-11）

若用收益增加额表示的追加投资回收期 T_a 的计算公式则为：

$$T_a = \frac{K_1 - K_2}{B_1 - B_2}$$ （2-12）

追加投资收益率的计算公式为：

$$E_a = \frac{1}{T_a}$$ （2-13）

式中：K——相应投资方案的投资；

B——相应投资方案的收益；

C——相应投资方案的成本。

如果 $T_a < T_标$ 或者 $E_a > E_标$，则该投资方案的投资效果好。

（2）动态评价法

运用动态评价法，先需要充分理解资金的时间价值。

① 影响资金时间价值的因素。资金时间价值的大小，受到 3 个因素的制约。

A. 资金投入量。资金投入量就是通常讲的本金，在相同的时间和计算方式下，本金投入越大，得到的利息越大，本利和也就越大。

B. 资金投入方式。按资金投入额和间隔期可将资金投入方式分为 5 种：一次性全额投入，等额分期有序投入，不等额分期有序投入，等额分期无序投入，以及不等额分期无序投入。

C. 折现率及利息的计算方式。利息的计算方式有单利法和复利法两种。

单利法的计算公式为：　　　　　$F = P \times (1 + i \times n)$

复利法的计算公式为：　　　　　$F = P \times (1 + i)^n$ 　　（2-14）

式中：F——期末本利和；

P——本金；

i——折现率；

n——期数。

用单利法计算的价值少于同期用复利法计算的价值，项目进行可行性研究或论证时通常采用复利（即利滚利）的计算方法。

② 资金时间价值的计算方法。资金时间价值的计算方法有以下几种。

A. 终值法。复利终值是指一笔或多笔资金按照一定的利率复利计算，若干年后所得到的本利和，其计算公式为：

$$F = P \times (1+i)^n \qquad （2-15）$$

B. 现值法。未来资金的现在价值称为现值，其计算公式为：

$$P = \frac{F}{(1+i)^n} \qquad （2-16）$$

为了比较不同时期的资金价值，只有把它们折算成现在的价值（如 0 年的价值），才使得不同时期的资金有一个共同的起点，才具有可比性。通常采用现值法。在计算现值时，如果不加说明，一般都把每年的资金流入或流出看作在年末，而不是在年初发生。

C. 年金法。年金是指在一定时间内每间隔相同时间，发生相同数额的款项 A。普通年金终值计算公式为：

$$F_R = A \times \frac{(1+i)^n - 1}{i} \qquad （2-17）$$

普通年金现值计算公式为：

$$P_R = A \times \frac{(1+i)^n - 1}{i \times (1+i)^n} \qquad （2-18）$$

D. 投资回收年金值法。投资回收年金值是已知现值求年金，即指在固定折现率和期数的情况下，对一笔投资现值，每年回收的等额年金值，其计算公式为：

$$A = P \times \frac{i \times (1+i)^n}{(1+i)^n - 1} \qquad （2-19）$$

E. 资金存储年金法。资金存储年金是已知终值求年金，即对一笔终值投资，每年存储的等额年金值，其计算公式为：

$$A = F \times \frac{i}{(1+i)^n - 1} \qquad （2-20）$$

③ 净现值法。现值（PV）即将来某一笔资金的现在价值。

净现值法是将整个项目投资过程的现金流按要求的投资收益率（折现率），折算到时间等于 0 时，得到现金流的折现累计值（净现值 NPV），然后加以分析和评估。

$$NPV = \sum_{t=0}^{n} \left(B_t - C_t \right) \frac{1}{\left(1+i_0\right)^t} \qquad (2\text{-}21)$$

式中：B_t——收入额；

$\quad\quad C_t$——支出额；

$\quad\quad n$——项目生命周期；

$\quad\quad t$——期望的投资收益率或折现率。

NPV 指标的评价准则：当折现率取标准值时，若 $NPV \geqslant 0$，则该项目是可行的；若 $NPV < 0$，则该项目是不经济的。

④ 内部收益率法。内部收益率法就是求出一个内部收益率（IRR），这个内部收益率使项目使用期内现金流量的现值合计等于 0，即：

$$NPV = 0$$

内部收益率的评价准则是：当标准折现率为 i_0 时，若 $IRR \geqslant i_0$，则该项目可行；若 $IRR < i_0$，则该项目就是不经济的。对两个投资金额相等的方案进行比较时，IRR 大的方案较 IRR 小的方案可行。

⑤ 动态投资回收期法。考虑到资金的时间价值后，投入资金回收的时间即为动态投资回收期 T_d，其计算公式为：

$$T_d = \frac{-\log\left(1 - \dfrac{p \times i}{A}\right)}{\log\left(1+i\right)} \qquad (2\text{-}22)$$

式中：A——投产后年收益；

$\quad\quad p$——原始投资额。

相应的项目动态投资收益率为：

$$E_d = \frac{1}{T_d} \qquad (2\text{-}23)$$

⑥ 收益/成本比值法。项目收益为 B，成本为 C，则收益/成本比值为 B/C。

收益/成本比值法的评判准则是：

当 $B/C > 1$ 时，表明这个投资过程的收益大于成本，因此对于要求的投资收益率有盈余；

当 $B/C < 1$ 时，则表明这个投资过程的收益小于成本，因此对于要求的投资收益率是亏损的；

当 $B/C = 1$ 时，表明这个投资过程的收益等于成本，因此对于要求的投资收益率不亏不盈。

2.2.5　电子商务项目的筛选

在电子商务项目初期一般会提出多个方案，而电子商务项目的计划与实施必须是经优选后确定的一个方案。这就需要我们具有在多个新的电子商务项目中进行优选的能力，运用多方案评价的指标及综合评价方法，通过计算分析，在众多方案中筛选出技术先进适宜、经济合理可行的方案，作为详细论证的基础。

1.　确定电子商务项目方案的比较标准

方案比较标准主要应从以下几个方面来考虑。

（1）需求标准。一个优秀的电子商务项目首先要符合需求，电子商务项目的进一步发展必须建立在满足需求的基础上，不同的方案，必须向社会提供同等价值的服务，才可对它们的投资、成本等方面做出比较，通过电子商务项目的实施应该能够达到电子商务项目需求中所描述的基本要求。

（2）成本标准。不同的方案只有在消耗的劳动价值相等时，才能够比较出它们产出价值的大小。进行方案比较时，既要考虑电子商务项目可能产生的直接成本，也要考虑电子商务项目实施所引起的各种间接成本。对电子商务项目实施的成本衡量应通过科学的方法进行全面、客观的评估，这样才能使方案的选择更加科学、可靠。

（3）效益标准。电子商务项目既具有经济效益，又具有社会效益，对效益的衡量应该有统一的标准，这样才具有比较的意义。不同方案，其使用的价格体系必须一致，应使用同一地区、同一时期的价格。电子商务项目实施产生的效益也应该面对同样的市场、共同的区域。

（4）进度标准。各种方案的投资回收期不会完全一样，在不同时期，收益状况也会有较大差别。因此，在进行方案比较时，不仅不同方案的计算期需要达到可比性，而且不同时间点上发生的现金流量需要用资金时间价值折算成现值方能具有可比性。

2.　电子商务项目筛选的方法

进行多个方案的比较和选择是电子商务新项目决策的关键，通过对电子商务项目多个方案的筛选要确定出最优的电子商务项目方案进入下一步的电子商务项目孵化和电子商务项目实施过程。在面临多个可供选择的电子商务项目方案时，企业可按以下方法进行比较和选择。

（1）综合评分法。综合评分法的特点是制定项目的目标体系和评价标准，对各个项目方案中每个目标的实现方案评定优劣分数，然后按一定的算法规则为各个方案计算出一个综合总分，最后按此综合总分的高低选择方案。

（2）目标排序法。目标排序法是对项目拟实现的全部目标按重要性进行排序。在此基础上，从全部备选方案中首先选择出能够较好地实现首要目标的方案，然后继续在所选出的备选方案中选出能够有效实现次要目标的方案，这样按目标的重要性一步一步地选择下去，最终可以确定与项目目标最吻合的备选方案。

（3）逐步淘汰法。逐步淘汰法是对各个备选方案与项目目标逐一进行评价和分析，对比条件逐渐严格，对不符合条件的方案采取逐步淘汰的办法，直至确定出最优方案。

（4）两两对比法。两两对比法是把备选方案按照一定的标准两两分组，通过对同组的两个方案进行对比，确定该组中较优的项目方案，在此基础上权衡不同组中项目方案的优劣势差距，再做出综合评价并进一步分组比较，最后一个小组中的优势项目方案就是项目筛选得到的最优方案。

不论采用何种方法，电子商务项目的筛选都要特别注意方法的科学性和合理性，不同的项目方案一般都存在各自的优势和劣势，孰轻孰重不能仅仅凭借主观判断，要尽可能地利用科学且合理的方法进行定量或定性分析和评估，根据不同情况选择不同的方法，并通过多种方法进行验证，以保最终证决策的准确性。

2.3　电子商务项目可行性研究报告的撰写

在对电子商务项目的可行性进行系统的分析之后，企业往往需要将分析的内容形成规范的可行性研究报告，以作为可行性分析的重要文档存档，或者作为呈交给上级或项目投资方的关键资料。

2.3.1　电子商务项目可行性研究报告的内容

可行性研究报告一般由以下 12 个部分构成，在报告的具体撰写工作中，也可以根据不同电子商务项目的特征进行调整。

1. 项目概要说明

（1）项目名称、承办单位、项目负责人和经济负责人等基本情况。

（2）承办单位背景（基本情况和条件）。

（3）拟建项目提出的必要性和经济意义：历史状况、发展背景、理由和社会经济意义论述。

（4）可行性研究的依据和范围。

2. 网络市场调查预测和建设规模

（1）建设的必要性：说明该项目建设的重要性和必要性。

（2）网络市场预测：从市场需求、发展趋势和销售情况预测分析。

3. 产品规模和产品方案

（1）产品规模：项目设定的正常生产运营年份可能达到的产品生产、销售和服务能力。

（2）产品方案：拟建项目的主导产品、辅助产品或副产品及其生产能力的组合方案，包括产品品种、产量、规格、质量标准、工艺技术、材质、性能、用途和价格等。

（3）产品销售收入预测。

（4）产品生产工艺：当该电子商务项目涉及生产产品时，要说明生产的工艺。

4. 电子商务项目工程技术方案

（1）生产技术方案。

（2）网络系统技术方案。

（3）网站总平面布置和性能。

（4）主要软硬件设备选型。

5. 厂址选择和建厂条件

虽然电子商务项目主要通过网络完成，但电子商务项目的实施仍然需要选择厂址、建设办公场地。电子商务项目建设地点选址要直观准确，要落实具体地块位置并对与电子商务项目建设内容相关的基础状况、建设条件加以描述。具体内容包括电子商务项目的具体地址位置（要有平面图），电子商务项目占地范围，电子商务项目的资源、交通、通信、运输及水文地质、供水、供电、供热、供气、采暖和通风等条件，其他公用设施情况，地点比较选择等。此外，还需要说明建厂的相关条件是否符合要求。

6. 机构设置、生产定员和人员培训

本部分需要说明电子商务项目建设期的组织机构设置、人员配置与分工情况，以及项目建成实施后的组织机构设置、人员配置、职能分工、运行管理模式与运行机制等情况。此外，还需要说明其人员的来源、培训措施等相关内容。

7. 环境保护和劳动安全

（1）环境保护。

（2）劳动安全。

8. 项目实施计划进度

本部分就项目实施进度做出计划安排。

9. 投资估算和资金筹措

（1）投资估算。包括：

① 土地、土建：占地面积、建筑面积及费用；②水、电增容：水、电增容数量与费用；③设备与安装费用；④固定资产投资调节税：占土建费用的 0%～10%；⑤建设期贷款利息；⑥不可预见费用：占总投资的 3%～5%；⑦流动资金；⑧其他费用：技术转让费、培训费、设计费和咨询费等。

（2）资金筹措。包括：

①自筹；②内引外联；③贷款：贴息贷款、银行贷款。

以上应写出金额。

（3）投资使用计划。

本部分对资金的使用做出计划。

10. 经济效益和社会效益分析

（1）生产成本（支出）。包括以下各项：

① 原辅材料费；②水、电、燃料运输、包装费；③人员、福利；④房屋、设备折旧费；⑤维修费；⑥管理费；⑦销售费；⑧流动资金利息；⑨其他。

（2）利润估算。包括：

① 销售收入；②纯利润。

（3）投资效益分析。包括：

① 投资利润率；②投资回收期。

11. 电子商务项目评价

本部分应从电子商务项目投资意义、经济效益和社会效益等方面得出电子商务项目可行的结论。论述应简单扼要。

12. 结论

在编制电子商务项目可行性研究报告时，企业必须要有一个研究的结论。结论可以是以下内容。

（1）可以立即开始。

（2）需要推迟到某些条件（如资金、人力和设备等）落实之后才能进行。

（3）需要对开发目标做某些修改之后才能进行。

（4）不能进行或不必进行（如技术不成熟、经济上不合算等）。

2.3.2　电子商务项目可行性研究报告编制的注意事项

在很多电子商务项目的可行性研究报告中往往存在一些具有普遍性的问题，使报告失去了真实性和科学性，无法满足市场的需求。因此，企业在编制可行性研究报告过程中需要注意避免以下几个方面的问题。

（1）缺少量化指标，结论依据不足，可靠性差。

（2）研究深度不够，投资估算精度差。

（3）工作周期短，缺乏多方案比较。

（4）融资方案不落实。

（5）风险性分析不详细，缺少多因素分析。

 案例分析

高校快递众包模式的可行性分析

1．市场分析

（1）高校快递的现状。高校快递是指快递公司面向高校派件，在校园周边或校园内部发生的快递活动。调研发现，高校快递配送时间大多集中在11：00—13：00，其中配送车辆会在11：00—13：00迅速集聚在校门口，但是卸货与取货时间将会持续2小时甚至更长时间。高校网购物品多以服装、食品、日用品、化妆品为主，快递包裹以轻便、小巧居多。大多数包裹流向学生宿舍，少部分包裹流向学校教职工办公楼或实验楼，整体流向呈点状集聚分布。目前高校快递的配送主要有3种模式。

① 快递公司分散式配送。目前高校快递中采用最广泛的配送模式是快递公司分散式配送。各家快递公司利用小型送货三轮车将快递送至高校门口，配送员通知收件人取件。分散式配送方式容易存在影响校门口环境、交通、快件丢失等现象。同时，快递配送时间经常在师生上课时间，影响了快递配送效率。

② 自提式取货柜。有些高校在校园内部搭建了自提式取货柜。各快递公司配送人员从营业网点将快递运送至校园内自提柜中。通过移动终端设备将提取密码发送至收件人的手机上，收件人根据密码前往自提式取货柜取货。自提式取货柜一般搭建在校园的宿舍、教学楼、食堂等人员密集的区域，利于收件人收件。

③ 高校内共同配送终端。目前最受高校青睐的快递配送模式是在高校内建立

统一的配送网点。主要运作方式有两种：一是由学生主导，跟学校洽谈房屋租赁事宜，作为学生的创业项目，并在学校的支持下与快递公司洽谈合作，让其将校园内的快递交由校内的统一配送网点进行派送；二是由第三方企业主导，在校园内建立统一的共同配送终端。通过问卷调查可知，该配送模式最受师生欢迎，其具有减少快递寻找时间、取件时间灵活、减少快递摆放杂乱的现象等优势。

（2）高校快递的现状为众包模式提供了配送基础。高校快递具有配送量巨大、配送时间集中、流向点状集聚、轻便小巧的包裹居多等特点，同时高校内人口密集，并且相对封闭，为众包模式提供了配送基础，通过众包模式在校园内进行快递派送，可以充分利用在校师生在收取快递的同时代收快递或帮助配送快递，从而提高了校园配送效率。

2．项目目标

将众包模式引入高校快递配送模式，将改善高校快递配送环境，优化高校快递配送效率，解决高校快递配送模式中存在的杂乱无序、配送渠道过少、无"门到门"服务等问题。

3．商业模式

高校快递众包模式是指利用高校内的学生为主要配送人力资源，实施高校内的快递配送、物品代购、代送服务。高校快递众包模式的建立实施，关键在于利用移动互联技术建立众包资源交互平台。通过众包资源交互平台聚集高校内的配送资源，经过众包资源交互平台认证的高校内的人员都可以成为快递员。

4．核心功能

众包资源交互平台的主要功能分为 3 个部分。

（1）普通快递的配送。发包方（校内人员）在众包资源交互平台上可以提出取货需求，接包方（高校内的众包快递员）根据需求进行快递的配送，并收取 1～2 元的激励服务费用，这种显性激励是普通快递配送的重要促进措施保障。

（2）进行校园超市或校外商品的代购、代送服务。发包方可以在众包资源交互平台上提出购买物品的需求，接包方可以根据自身条件选择性接单，完成代购任务，并按照商品的重量、配送距离获得报酬。众包资源交互平台结算采用线上电子支付的方式。代购、代送服务带动高校内的商流活动，促使更多的人加入众包资源交互平台成为发包方和接包方，增加物流配送的流通渠道，以商流的活动带动高校内的快递配送活动。

（3）数据的分析与处理。众包资源交互平台将对代购信息进行商品种类、购买次数、购买频率等信息的分析，并将分析处理过的信息提供给校园超市，辅助校园超市的商品销售。

基于众包模式的高校快递模式示意图如下。

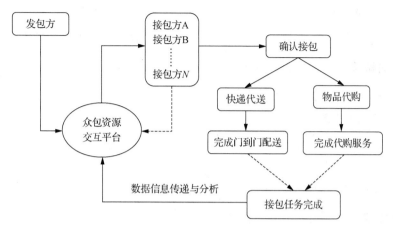

基于众包模式的高校快递模式示意图

思考：

请基于上述材料，对高校快递众包模式从市场和技术两个方面进行可行性分析，看其是否可行。

 思考与练习

一、不定项选择题

1. 电子商务需求分析包括哪些？（　　　）

    A. 企业业务分析　　　　　　　　　B. 经济可行性分析

    C. 市场分析　　　　　　　　　　　D. 竞争对手分析

2. 电子商务市场调查包括哪些？（　　　）

    A. 行业发展调研　　　　　　　　　B. 企业业务调研

    C. 目标市场调研　　　　　　　　　D. 竞争对手调研

3. 可行性研究的类型有哪些？（　　　）

    A. 技术可行性研究　　　　　　　　B. 机会研究

    C. 初步可行性研究　　　　　　　　D. 详细可行性研究

4. 电子商务项目可行性研究的内容有哪些？（　　　）

    A. 技术可行性研究　　　　　　　　B. 经济可行性研究

    C. 机会研究　　　　　　　　　　　D. 实施可行性研究

5．电子商务项目可行性研究的动态评价法有哪些？（　　　　）

    A．净现值法　　　　　　　　　　　B．内部收益率法

    C．动态投资回收期法　　　　　　　D．收益/成本比值法

二、名词解释

1．电子商务项目的需求分析

2．可行性研究

3．初步可行性研究

4．经济可行性研究

5．实施可行性研究

三、简答题

1．电子商务项目需求识别的步骤主要有哪些？

2．能诱发企业电子商务需求的因素有哪些？

3．简述现有资料分析法的优缺点。

4．简述电子商务项目可行性研究的步骤。

5．简述电子商务项目筛选的方法。

 实训项目二

    请根据素材文件（配套资源/第2章/实训项目二）内容，对其进行系统的可行性分析，尤其是从市场、技术和财务3个方面进行可行性分析，并撰写电子商务项目的可行性分析报告。

第3章 电子商务项目范围管理

学习目标

- 了解电子商务项目范围管理的主要过程。
- 掌握工作分解结构的方法。
- 掌握项目范围说明书的写作。
- 理解明晰项目范围对履行项目干系人权利以及诚信经营约束的重要性。

知识要点

- 项目范围和产品范围的差异。
- 创建工作分解结构。

导入案例

某市电子政务项目

某市委托某公司做网站建设及内部业务办公系统建设的电子政务信息工程。开发方为 A 公司、监理方为 B 公司。A 公司任命小李为该项目的项目经理，公司没有完善的项目管理制度，并且没有单独创建项目团队来服务该项目，技术人员都是临时从公司技术部调来的，小李本身不精通技术，在 A 公司只是做项目协调人员的工作，并无完整的项目管理经验。

前期需求调研过程中小李发现，在项目建设内容中涉及的一个子系统，客户方本身并不涵盖此业务，该需求只是客户方的领导所提的一个想法，经过与客户方、监理方的沟通，明确暂缓该子系统的建设，等待客户方需求明确。至于其他各需求调研，小李为风险考虑都做了三方签字确认。

随着项目建设的基本完成，各子系统都已着手上线试运行，但需求一直未明确的子系统仍未开始动工，一直拖着项目整体进度。并且在试运行阶段，各业务科室的使用人员经常会提出一些其他的需求，当小李拿出当初签字确认的需求书时，客户方以之前没考虑到为由要求加入新需求，并且客户方一个新业务领导对其中一个子系统的建设有其他想法，但如果按其意见，整个系统的建设将会被推翻，直接导致项目失败。

思考：

你觉得案例中项目不断出现新需求导致项目整体进度拖延的原因是什么？

3.1　电子商务范围管理概述

在电子商务项目管理的所有管理内容中，范围管理是最先开始进行的一个管理模块，这一步工作为后续所有工作以及电子商务项目具体的实施划定了工作的边界和项目最终产出的边界。电子商务项目范围管理包括项目范围和产品范围两个范围。

项目范围管理
的概述

3.1.1　项目范围与产品范围

项目范围是指为了成功达到项目目标所要求完成的全部工作。项目范围确定项目的工作内容、组成、规模、边界，是整个项目管理的对象和基础，以项目章程和双方签订的合同为依据，把已经确认的项目交付物分解为更加具体的任务，便于项目的管理和实施。

确定项目范围就是为了给项目划定界限，划定哪些方面是属于项目应该做的，哪些方面是不应该包括在项目之内的，即定义项目管理范围的工作边界，确定项目的目标和主要的项目可交付成果。

产品范围是指项目团队以满足项目验收者或客户的需求为导向，最终交付的产品或服务。例如，电子商务项目中，电子商务系统的功能就决定了主要的产品范围。很多时候，开发电子商务系统并不是电子商务项目的全部，除系统外，电子商务项目的产品范围还经常包括与客户需求相关的更多内容，如一些电子商务项目的交付物中会包括系统功能规格说明书、系统设计说明书、系统使用手册和使用培训等。

 思考

项目范围和产品范围有哪些区别和联系？

3.1.2　电子商务项目范围管理的意义

（1）可提高估算电子商务项目成本、进度和资源的准确性。电子商务项目的工作边界定义清楚了，具体工作内容明确了，这就为准确估算电子商务项目的成本、进度、资源打下了基础。如果电子商务项目的具体工作内容不明确，电子商务项目的成本、进度和所需资源就不明确，电子商务项目实施过程中的不确定因素大大增加，电子商务项目将面临极大的风险。

（2）提供了电子商务项目进度衡量和控制的基准。项目计划是项目组织根据项目目标的规定，对项目实施工作进行的各项活动的具体安排。要做好电子商务项目计划，就要明确有哪些具体的工作，应达到什么要求，也就是要确定电子商务项目范围。可以说，项目范围是项目计划的基础，电子商务项目范围确定了，就为电子商务项目进度衡量和控制提供了基准。

（3）有助于清楚地分派任务及责任。电子商务项目任务的分派需要首先明确电子商务项目包括哪些具体的内容，具体有哪些要求，完成的产品应达到什么水准等，也就是要明确电子商务项目范围。电子商务项目范围的确定即确定了电子商务项目的具体工作任务，这为清楚地分派任务及责任提供了必要的条件。

正确地确定电子商务项目范围对项目成功非常重要，如果电子商务项目范围确定得不好，有可能会造成电子商务项目范围的蔓延，甚至电子商务项目利益相关方之间的纠纷，从而打乱电子商务项目的实施节奏，造成返工，延长项目完成时间，降低生产效率，影响电子商务项目组成员的干劲。

思考

你觉得电子商务项目范围的蔓延普遍存在吗，该如何避免呢？

3.1.3　电子商务项目范围管理的过程

PMI 的《PMBOK®指南》（第 6 版）定义的项目范围管理的过程包括以下 6 个过程。

（1）规划范围管理。定义、确认项目范围及产品范围，创建范围管理计划。

（2）收集需求。确定、记录项目干系人的需求。

（3）定义范围。详细描述项目范围和产品范围。

（4）创建 WBS。将项目可交付成果和工作分解为较小的、更易于管理的组件。

（5）确认范围。正式验收已完成的项目可交付的成果。

（6）控制范围。监督项目范围和产品范围的状态，管理范围基准的变更。

电子商务项目范围管理的过程也包括上述 6 个过程，电子商务项目越简单，范围就越容易确定；而对于电子商务项目而言，往往因为技术、商业模式或竞争环境的多变，遇到各种各样的变更，其中一些变更将会造成电子商务项目范围的变化。如果不能很好地管理和控制这些变化，可能造成电子商务项目成本超支、进度拖延甚至让项目陷入混乱的状态。这就需要用科学的方法帮助项目经理控制电子商务项目范围的变化。

3.2　电子商务项目范围规划

电子商务项目范围规划相当于范围管理这个管理模块的计划工作，它是后续工作的基础和依据。

3.2.1　电子商务项目范围规划的定义

电子商务项目范围规划就是确定项目范围并编写项目范围说明书。

电子商务项目范围说明书是项目范围定义的工作成果，是项目范围的基准。电子商务项目范围说明书是以电子商务项目的所有干系人对电子商务项目的共同理解为基础，说明为什么要进行这个项目。它既是电子商务项目的基本框架，明确电子商务项目目标和主要可交付成果，也是将来电子商务项目实施的重要基础，还是监督和评价电子商务项目实施情况的依据。

3.2.2　电子商务项目范围规划的依据

编写电子商务项目范围说明书时，必须有以下依据。

（1）产品描述。所谓产品即项目结束时应要求交付的产品、服务或成果。针对其特征，必须有明确的要求和说明，编写文档产品描述一般在项目的早期阶段不一定能做到详细，在后续阶段随着产品特性的逐步详尽而细化。例如，企业网站建设，开始只能提出一个网站的功能，具体系统及页面则需要在后面的开发阶段才能描述出来。

（2）项目章程。项目章程即项目许可证，是正式承认某项目存在的一种文件。一般由项目外部的企业最高层发布，赋予项目经理利用企业资源、从事项目有关活动的权利。对于合同项目，双方签订的合同一般作为乙方（被委托方）的项目章程。

电子商务项目管理（微课版）

（3）约束条件。约束条件即制约项目管理团队选择的因素，如事先确定的预算很可能限制项目团队的范围、人员配备及进度计划的选择。对于合同项目，合同条款通常被看成制约因素。

（4）假设前提。假设前提是指考虑到不确定因素所做的假设，如项目的某个关键人物到位时间不确定，就需要假设某一日期作为其到位时间。可见，假设常常包含一定程度的风险。

3.2.3 电子商务项目范围规划的方法

在进行电子商务项目范围规划时，企业可以使用以下几种方法或技术。

（1）产品分析。通过产品分析加深对项目成果的理解，主要运用系统工程、价值分析、功能分析等技术确定产品是否必要、是否具有价值。

（2）成本效益分析。成本效益分析即估算不同项目方案的有形和无形费用和效益，并利用诸如投资收益率、投资回收期等财务计划手段评估各项目方案的相对优越性。

（3）项目方案识别技术。项目方案识别技术，泛指提出实现项目目标的方案的所有技术。管理学中的许多技术经常应用于此，如头脑风暴法、横向思维等。

（4）专家判断。专家判断即利用各领域专家来提出或评价各种方案。任何经过专门训练或具有专门知识、经验的集体或个人均可视为领域专家。领域专家可以来自组织的其他部门咨询顾问、职业或技术协会、行业协会等。

3.2.4 电子商务项目范围规划的结果

（1）电子商务项目范围说明书。电子商务项目范围说明书的主要内容包括以下几个方面。①项目信息。包括项目名称、客户名称、项目经理及项目发起人姓名等一般信息。②项目的合理性说明。即解释为什么要进行这一项目，为以后权衡各种利弊关系、评估项目未来效益提供依据。③项目目标。确定项目成功完成所必须满足的定量标准，项目目标至少应包括成本、进度、技术性能或质量度量标准。④项目可交付成果清单。一份主要的、各层次子产品清单，这些产品完整或满意地完成后，标志着整个项目的完成。例如，一个网站开发项目的主要可交付成果包括可运行的网站和用户手册等。⑤辅助性细节。包括项目的有关假设条件及约束条件的陈述项目范围说明书，在项目干系人之间确认或建立一个对项目范围的共识，作为将来项目实施的依据。随着项目的不断进展和实施，有可能需要依据项目范围的变更而对项目范围说明进行修改或细化。

对于合同项目，一般由乙方即被委托方编写范围说明书，这就要求相关工作人员与客户进行沟通，了解客户的实际需求和要求的成果，划清工作界限，即哪些工作由被委托方来做，哪些工作由委托方来做。双方意见达成一致后，被委托方应要求客户在范围说明书上签字认可，避免将来项目交接时产生不必要的纠纷。

（2）电子商务项目范围管理计划。根据项目的需要，电子商务项目范围管理计划可以是正式的，也可以是非正式的；可以非常详尽，也可以只是一个大概框架。电子商务项目范围管理计划是项目计划的一个子要素，主要包括以下内容。①范围核实。依据项目的范围说明书对项目完成情况进行比对的过程。②范围变更管理。应当清晰地描述如何对范围变更进行确认和分类，说明如何管理项目范围，以及如何将变更纳入项目范围之内。③范围管理计划的稳定性评估与预测。即项目范围变更的可能性、原因、频率和幅度等。

3.3 创建电子商务项目工作分解结构

电子商务项目范围说明书明确了为交付客户所要求的产品或服务，项目组必须完成的任务。在项目范围说明书里界定的这些任务往往比较粗略。为此，还需要将任务做进一步细分，以便确定具体应该做什么、怎么做，才能移交项目的交付成果。这便要用到一种分解技术，即工作分解结构。

创建电子商务
项目工作分解
结构

3.3.1 电子商务项目工作分解结构及作用

1. 电子商务项目工作分解结构的定义

电子商务项目工作分解结构就是为了管理和控制的方便，对电子商务项目进行细分和再细分的过程。一般需要从电子商务项目产品开始分解，把产品分解成中间产品或子产品，即为产品分解结构（Product Breakdown Structure，PBS），然后再确定需要做哪些工作才能实现这些中间产品，即为电子商务项目的工作分解结构（Work Breakdown Structure，WBS）。

WBS 是将项目逐层分解成一个个可执行的任务单元，这些任务单元既构成了整个项目的工作范围，又是进度计划、人员分配和成本计划的基础。

电子商务项目工作分解结构，强调的是结构性和层次性，即按照相关系统规则将一个项目分解开来，得到不同层次的项目单元，然后对项目单元再做进一步的分解，得到各个层次的活动单元，清晰反映项目实施所涉及的具体工作内容，最终形成 WBS 树型图。项目干系人可以通过它看到整个项目的工作结构。

通过电子商务项目的 WBS，企业既可以加强项目组成员对项目的共同认知，保证项目结构的系统性和完整性，也可以使项目易于检查和控制。WBS 是定义项目范围的核心工具，也是制订进度计划、成本计划等其他项目管理计划的基础。

2. 电子商务项目工作分解结构的作用

将电子商务项目进行工作分解结构的作用表现在以下几个方面。

（1）把电子商务项目要做的所有工作都清楚地展示出来，不至于漏掉任何重要的事情。

（2）使项目执行者明确具体的任务及其关联关系，做到胸有成竹。

（3）方便估计分解出的每项活动所需要的时间和成本，便于制订详细计划。

（4）通过电子商务项目分解，可以确定完成项目所需要的技术、人力及其他资源。

（5）有利于界定项目团队成员的职责和权限，便于各方面的沟通。

（6）使电子商务项目团队成员更清楚地理解任务的性质及其努力的方向。

（7）便于跟踪、控制和反馈。

3. 电子商务项目工作分解结构的表示形式

较常用的电子商务项目工作分解结构的表示形式主要有以下两种：树型图和缩进表。

（1）树型图。树型图的结构类似于组织结构图，图 3-1 所示为某电子商务系统开发项目的 WBS 树型图。树型图的优点是 WBS 层次清晰，结构性很强，非常直观，适用于与企业的高层和客户交流。

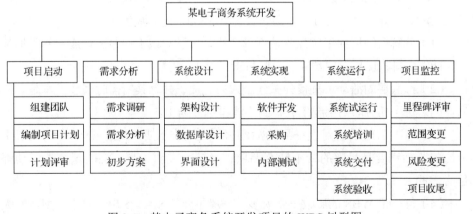

图 3-1　某电子商务系统开发项目的 WBS 树型图

（2）缩进表。缩进表类似于分级的图书目录，表 3-1 所示为某电子商务策划项目的 WBS 缩进表。缩进表能够反映出项目所有的工作要素，但直观性较差。对于一些大的、复杂的项目而言，内容分类较多、容量较大，用缩进表的形式表示细节比较方便，也可以装订成手册，我们称为 WBS 手册或 WBS 字典。

表 3-1　某电子商务策划项目的 WBS 缩进表

工作编码	工作名称	负责人	资源描述
1.1	启动策划		
1.1.1	召开启动会		
1.1.2	行业调研分析		
1.2	进行策划		
1.2.1	盈利模式设计		
1.2.2	筹划资金来源		
1.3	策划评审		
1.3.1	召开评审会		
1.3.2	策划总结		

WBS 的编码设计与结构设计是有对应关系的。结构的每一层次代表编码的某一位数，有一个分配给它的特定的代码数字。如表 3-1 所示，WBS 编码由 3 位数组成，第一位数表示整个项目的编码，第二位数表示子项目要素（或子项目）的编码，第三位数是具体活动单元的编码。

编码设计对 WBS 来说很重要，不管是高级管理人员还是其他层次的员工，对于所有项目组来说都应当有共同的意义。

4. WBS 的分解原则

创建 WBS 是指将复杂的项目分解为一系列明确定义的项目工作，并作为随后计划活动的指导文档。在分解之前，首先要把握以下分解原则。

（1）分解后的每项工作应该是可管理的，可以对该工作包进行成本和工期估算，能够安排进度、做出预算、分配负责人员。

（2）最底层的活动可直接分派到个人去完成，并且其所需时间和成本是容易估算的。每个任务原则上要求分解到不能再细分为止。

（3）下一层的活动对上一层的活动来说是充分且必要的，充分性说明了下一层的子活动要是足够的，不能有漏项；必要性说明了下一层的每个子活动都是必需的。

（4）每一个 WBS 的层数不要太多，一般不要超过 4～5 层。对于大型或特大型的电子商务系统，我们可以有多个不同层次的 WBS，有的 WBS 是较粗略的，适用于项目总监或总指挥从整体上管理项目；有的可能是某一个子项目的 WBS，适用于子项目的项目经理。

（5）通过两个"凡是"的标准对照检查 WBS：凡是在 WBS 上的都是应该做的工作；凡是未在 WBS 上的都是不应该做的工作。

3.3.2 电子商务项目工作分解结构的具体操作

1．WBS 的 6 个层次

从根本上来说，WBS 是将项目工作分解为更易于管理和控制的单元系统。

为了能够更好地划分与管理项目，项目工作分解需要有不同的层次，从最高一层到最低一层分别有不同的名称，WBS 的分层分解如图 3-2 所示。

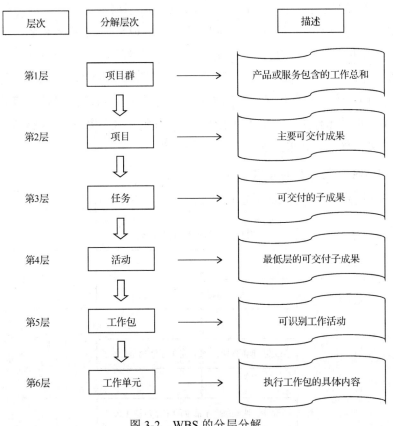

图 3-2　WBS 的分层分解

第 1 层叫作项目群，或者叫大项目，即完成大项目包含的工作的总和。一个项目群是由多个项目构成的复杂工程。例如，承建一个大型的电子商务购物网站及其所有的配套物流软件系统，它包含了网站建设、物流设备购置、服务器网络设备构建等多个项目。

第2层叫作项目，标明项目的主要可交付成果，但不是全部成果。主要可交付成果应包括里程碑，里程碑是划分项目阶段的标志，表示了项目进程中从一个阶段进入另一个阶段，工作内容将发生变化。主要可交付成果还可以有对项目进程有较大影响的其他可交付成果。网站建设本身就是一个项目，有项目经理与项目小组，可以是软件公司自己来做，也可以转包给其他公司来做。

第3层叫作任务，它是完成项目必须进行的工作，标明可交付的子成果。例如，相关的Logo设计、网站色彩与布局、图片创意等网页美工设计，就是网站建设的一项任务。

第4层叫作活动，即完成项目需要做什么，也是最低管理可交付的子成果。例如，一个网站的配色方案，或者一个完成的Logo设计方案。

第5层叫作工作包，是活动的构成单元，它体现了活动是如何做的。工作包是WBS结构中可识别的工作活动，是项目最小的可控单元。在这一层次上，应能够满足客户对交流或监控的需要。工作包除了要包含短期任务的名称外，最好还要包括预定的起止日期、任务持续时间、人工估算量、可交付成果和完工衡量标准等内容。

第6层叫作工作单元，是执行工作包的具体动作或努力方向。在一般的WBS中，不需要分解到工作单元这一层。

2. WBS层次划分的步骤

图3-3所示为WBS层次划分的步骤。

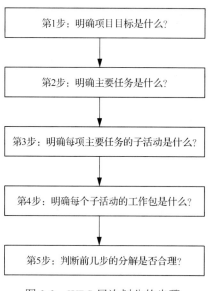

图3-3　WBS层次划分的步骤

第 1 步：弄清楚：需要干什么？例如，需要打扫房间，这就是要做的项目。

第 2 步：弄清楚：打扫房间需要完成哪些任务？需要清扫地板、收拾家具、擦窗户和清理垃圾。这些都是打扫房间这个项目需要完成的主要任务。

第 3 步：弄清楚：每项主要任务如何做？用拖把擦地板，用清洁剂清洁家具，用肥皂水清洗窗户，这些是完成主要任务的子活动。

第 4 步：弄清楚：怎样才能完成这些主要任务？用拖把擦地板时需要取擦布、湿润擦布、擦地板、洗擦布等一系列的子活动，实际就是拖地擦地板这项子活动的工作包。

第 5 步：弄清楚：这样分解是否正确和完整？有没有遗漏主要任务？每项主要任务是否可以很容易地分配责任和角色？每项主要任务需要的资源是否很容易确定？每项主要任务的工期是否很容易估计？每项主要任务完成的衡量标准是否十分清楚？

3. 创建 WBS 的方法

（1）自上而下法（系统思考法）。这是构建 WBS 的常规方法，即从项目的目标开始逐级分解项目工作，直到管理者满意地认为项目工作已经充分地得到定义。该方法可用来检查有无遗漏工作。由于该方法已将项目工作定义在适当的细节水平，因而对于项目工期、成本和资源需求的估计比较准确。这种方法对具备较好系统思维能力的人而言，可以说是很好的方法。

（2）自下而上法（头脑风暴法）。让各个成员从不同的角度思考可能的各项具体任务，然后将各项具体任务进行整合。有了这些零散的思路，再归纳就相对容易了。想到什么就记下来，然后再不断补充，不断归纳。

（3）模板参照法。如果存在 WBS 模板，就会容易得多。我们可以借鉴别人的模板，该方法也可促进全员参与，加强项目团队的协作，以后其他的电子商务系统开发项目就可以参考。WBS 的分解可以采用多种方式进行，包括以下几种方式。①按产品的物理结构分解。如对于电子商务系统，可分解为数据层、逻辑层和表现层等。②按产品或项目的功能分解。根据产品的不同功能，可分解为若干个模块。③按照项目的实施过程分解。根据项目的生命周期进行划分，有利于项目管理。④按照项目的地域分布分解。有的系统可能是跨区域的，可根据地域进行分解。⑤按照项目的各个目标分解。按目标分解与按功能分解有些类似，但这里所说的目标多指项目的交付物。⑥按部门分解。根据项目的工作部门进行分解，如软件部、硬件部、采购部等。不同的分解方式适合不同的项目。例如，按项目目标或最后交付物进行分解的方式比较适合交付物容易分解为多个独立的子产品或产品部件单元的项目，而按项目的实施过程进行分解比较适合不易分解交付物的项目。

3.4 电子商务项目范围变更控制

电子商务项目的范围变更控制是指通过一套有效的流程和管理办法，把电子商务项目执行过程中出现的各种有关项目最终产品或服务范围的增加、修改、删减等变更进行有效管理和控制。对于电子商务项目尤其是电子商务系统开发项目来说，范围控制是项目管理的重点之一。原因有二：一是因为在电子商务系统开发类的项目中，"范围蔓延"现象太过普遍；二是有相当多的进度和成本问题都是由于范围失控，最终导致工期、成本、质量等指标的变动，影响项目目标的实现。

3.4.1 电子商务项目范围变更的影响因素

不同类型的电子商务项目，发生范围变更的原因不尽相同，如电子商务系统开发项目可能受技术和客户需求变化的影响相对多一些，电子商务策划项目可能受企业组织发展战略的影响更大一些，而电子商务运营项目可能受外部市场环境的影响更大些。但总体来说，导致电子商务项目的范围变更因素如表 3-2 所示。

表 3-2　电子商务项目的范围变更因素

影响范围变更的因素	影响的具体表现
项目需求的变化	可能出现项目发起人因为其需求和期望发生了变化而要求增加某个电子商务系统的功能，或因为企业财务状况恶化而要求减少某个功能模块
项目外部环境发生变化	对于电子商务策划项目和运营项目而言，可能因为市场的变化而导致以前做的市场调研结果失效，或调研工作必须扩大调研范围
项目管理方面的原因	可能因为项目组的需求调研不够周密详尽，有一定的错误或遗漏。例如，在设计语言数据处理系统时没有考虑到计算机网络的承载流量的问题
新技术方法的出现	市场上出现了新技术或是设计人员提出新技术、手段或方案。在项目实施过程中，常常会出现制订范围管理计划时尚未出现的可以大幅度降低成本的新技术
客户本身发生变化	客户自身业务或需求的变化，如由于项目的使用单位同其他单位合并时出现其他情况，从而导致项目的范围发生了变化

3.4.2 电子商务项目范围变更控制的方法

为了更好地进行电子商务项目范围变更控制，需要注意以下方法的应用。

（1）建立有效的范围变更流程。进行范围变更控制，首要的工作就是建立有效的范围变更控制流程。以范围变更为例，首先需要提出范围变更申请，接着是范围变更的分析、变更的确认和审批、变更的实施，以及变更效果评价等环节。

（2）重视需求分析工作。在项目初期，项目经理首先需要考察客户做这个项目有什么用处，就是"为什么"要做这个项目，接下来需要总结出整个项目要"做什么"，并能概括出各个子任务。

在进行需求分析时应该注意以下技巧：需求分析报告以客户认为易于翻阅和理解的方式进行编写，同时也要有助于开发人员开发出真正需要的系统；项目组成员最好就需求分析报告为客户详细地讲述，并达成共识；另外，需求确认之后，最好让客户方管理层书面签字，作为终止需求分析过程的标志。

（3）尽可能明确项目范围。合同中的项目范围往往只是粗线条的约定，必须进一步细化和深入。编制范围说明书和 WBS 是其中重要的部分。范围说明书应该包括项目背景、产品简介、主要可交付物、验收标准等。WBS 可以为项目执行绩效测评和项目控制提供一个基准。

（4）规范变更管理。变更管理中，变更管理的需求变更、计划变更等项目的关键点发生改变，需要项目干系人的共同确认。例如，需求变更主要程序包括变更申请、变更申请的审批、更改需求文档、重新审评需求文档和变更结束，每个阶段均需要相关负责人员签字才能进行下一步骤。需求变更控制报告模板如表 3-3 所示。

表 3-3　需求变更控制报告模板

需求变更申请	
申请变更的需求文档	（输入名称、版本、日期等信息）
变更的内容及理由	
评估需求变更将对项目造成的影响	
申请人签字	
变更申请的审批意见	
项目经理签字	审批意见 签字 日期
客户签字 （合同项目）	审批意见 签字 日期
更改需求文档	
变更后的需求文档	（输入名称、版本、完成日期等信息）
更改人签字	
重新评审需求文档	
需求评审小组签字	评审意见 签字 日期
变更结束	
项目经理签字	签字 日期

 案例分析

案例1 WBS的设计

某公司为当地一家书店开发图书资料垂直搜索引擎产品，双方详细约定了合同条款，包括合同金额、产品验收标准等。项目经理小张兼任项目技术负责人。项目进行到设计阶段后，由于小张从未参与过垂直搜索引擎的产品开发，产品设计方案经过两次评审后仍未能通过。公司决定将小张从该项目组调离，由小李接任该项目的项目经理兼技术负责人。

小李仔细查阅了小张组织撰写的项目范围说明书和产品设计方案后进行了修改。小李将原定从头开发的方案，修改为通过学习和重用开源代码来实现的方案。小李还相应地修改了小张组织编写的项目范围说明书，将其中按照项目生命周期分解得到的大型分级目录列表形式的WBS改为按照主要可交付物分解的树型结构图形式，减少了WBS的层次。小李提出的设计方案和项目范围说明书，得到了项目干系人的认可，通过了评审。

思考：

1. 请简述小李组织编写的项目范围说明书中WBS的表示形式与小张组织编写的范围说明书中WBS的表示形式各自的优缺点及适用场合。

2. 结合项目现状，请简述在项目后续工作中小李应如何做好范围控制工作。

案例2 项目边界

B系统集成公司拟承建某大型国有企业A单位的一个信息系统项目。该项目由A单位信息中心负责。A单位信息中心主任赵某任甲方经理，B公司委派项目经理杨某负责跟进该项目。经初步调研，杨某发现该项目进度紧，任务重，客户需求模糊，可能存在较大风险。但B公司领导认为应该先签下该项目，其他问题在项目实施中再想办法解决。A、B双方很快签订了一份总价合同。在合同中，根据赵某提供的初步需求说明，简单列出了系统应完成的各项功能的性能指标。杨某根据合同制定了项目的范围说明书。

可是随着需求调研的深入，杨某发现A单位一些业务部门活动的客户需求大大超出了赵某所提出的需求范围。杨某就此和赵某进行了沟通。杨某认为需求变化太大，如果继续按合同中所规定的进度和验收标准实施将非常困难，要求A单位追加预算并延长项目工期。而赵某认为这些需求已经包含在所签合同条款中，并且这是一个固定预算项目，不可能再增加预算。双方对照合同条款逐条分析，结果杨某发现这些条款要么太粗，不够明确，要么就是双方在需求理解上存在巨大差异。

杨某将上述情况汇报给了B公司主管领导，B公司主管领导认为A单位为本

公司的大客户，非常重要，要求杨某利用合同条款的模糊性，简化部分条款的功能实现，以保持成本和进度不变。

思考：

1．B公司主管领导的想法会给项目带来什么样的影响？

2．双方在需求理解上为何存在差异，应该怎样避免？

 思考与练习

一、不定项选择题

1．有关项目范围的描述正确的是（　　　）。

　　A．确定项目施工地点的范围

　　B．确定与项目有关的人员和地点的范围

　　C．确定项目都有哪些必要工具

　　D．确定项目产品的范围

2．进行项目范围定义时，经常使用的项目管理工具是（　　　）。

　　A．因素分析法　　　　　　　　　B．列举法

　　C．运筹管理法　　　　　　　　　D．WBS

3．造成电子商务项目范围变更的原因有（　　　）。

　　A．政府的有关规定　　　　　　　B．项目范围计划出现错误

　　C．新的技术、手段或方案出现　　D．客户要求发生变化

4．WBS的层次划分有（　　　）。

　　A．5个　　　　　　　　　　　　B．6个

　　C．7个　　　　　　　　　　　　D．8个

5．电子商务项目范围说明书一旦被确定和批准，要被用于（　　　）。

　　A．未来决策的唯一基准

　　B．管理客户的组织形式

　　C．对范围变更形成统一的认识并且评估潜在的变更

　　D．作为绝不会变更的静态机制

二、名词解释

1．电子商务项目范围控制

2．WBS

3．电子商务项目范围说明书

4．电子商务项目定位

5．电子商务项目范围

三、简答题

1．如果项目范围定义不明确引起项目变更会造成什么影响？

2．请简述 WBS 层次划分的步骤。

3．电子商务项目进行分解结构的意义是什么？

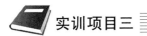 实训项目三

请根据素材文件（配套资源/第 3 章/实验项目三）内容，对产品范围和项目范围进行分析，并用图的形式和清单（表格）的形式展示出来。

第4章 电子商务项目进度管理

学习目标

- 了解电子商务项目进度管理的关键因素。
- 掌握项目活动定义和排序的概念及方法。
- 掌握项目活动工期估算的概念和方法。
- 掌握项目进度优化和控制的方法。
- 理解科学严谨的态度在项目进度管理中的重要性。

知识要点

- 项目活动定义、排序、资源估算和历时估算的方法。
- 电子商务项目进度计划编制的步骤及方法。
- 电子商务项目进度计划的优化类型及解决思路。

导入案例

A银行前置机软件系统开发项目

利原公司是一家专门从事系统集成和应用软件开发的公司，公司目前有员工50多人，公司有销售部门、软件开发部门、系统网络部门等业务部门，其中销售部门主要负责进行公司服务和产品的销售工作，他们会将公司现有的产品推销给客户，同时也会根据客户的具体需要，承接应用软件的研发项目，然后将此项目移交给软件开发部门。

软件开发部门共有开发人员18人，主要是进行软件产品的研发及客户应用软件的开发。

经过近半年的跟踪后，2017年元旦，销售部门与A银行签订了一个银行前置机的软件系统的开发项目。合同规定，2017年5月1日之前系统必须研发完成，并且进行试运行。在合同签订后，销售部门将此合同移交给了软件开发部门，进行项目的实施。

小伟被指定为该项目的项目经理，小伟做过 5 年的金融系统的应用软件研发工作，有较丰富的经验，可以从事系统分析员、系统设计等工作，但作为项目经理还是第一次。项目组还有另外 4 名成员：1 个系统分析员（含项目经理），2 个有 1 年工作经验的程序员，1 个技术专家（不太熟悉业务）。项目组的成员均全程参加该项目。

在被指定负责该项目后，小伟制订了项目的进度计划，简单描述如下。

（1）2017 年 1 月 10 日—2017 年 1 月 31 日，需求分析。

（2）2017 年 2 月 1 日—2017 年 2 月 25 日，系统设计，包括概要设计和详细设计。

（3）2017 年 2 月 26 日—2017 年 4 月 1 日，编码。

（4）2017 年 4 月 2 日—2017 年 4 月 30 日，系统测试。

（5）2017 年 5 月 1 日，试运行。

但在 2017 年 2 月 17 日小伟检查工作时发现详细设计刚刚开始，2017 年 2 月 25 日肯定完不成系统设计的阶段任务。

思考：

你觉得该项目进度计划不合理的原因是什么？

4.1 电子商务项目进度管理概述

电子商务项目能否如期完成，很大程度上决定着项目的成败。对项目各项活动的合理安排是保障项目按期交付的重点。

电子商务项目进度管理的概述

4.1.1 电子商务项目进度管理的定义及目标

项目进度管理也称时间管理，电子商务项目进度管理是指采用一定的方法对电子商务项目范围所包括的活动及其之间的相互关系进行分析，对各项活动所需要的时间进行估计，并在项目的工期期限内合理地安排和控制活动开始和结束的时间，保障项目整体如期完成。

4.1.2　电子商务项目进度管理的过程

《PMBOK®指南》（第6版）定义的项目进度管理过程包括以下6个过程。

（1）规划进度管理。为规划、编制、管理、执行和控制项目进度而制定政策、程序和文档的过程，是项目进度管理的首要工作。

（2）定义活动。识别和记录为完成项目可交付成果而需要采取的具体行动的过程。

（3）排列活动顺序。识别和记录项目活动之间的逻辑关系的过程。

（4）估算活动持续时间。根据资源估算的结果，估算完成单项活动所需工作时段数的过程。

（5）制订进度计划。分析活动顺序、持续时间、资源需求和进度制约因素，创建项目进度模型，从而落实项目执行和监控的过程。

（6）控制进度。监督项目状态，以更新项目进度和管理进度基准变更的过程。

电子商务项目进度管理的过程也是由上述6个过程组成的。

4.2　电子商务项目进度计划的编制

一个明确、具体且科学的项目进度计划能较好地帮助电子商务项目按期完成，也是电子商务项目实施中进度管理的依据。

电子商务项目
的进度计划
编制

4.2.1　电子商务项目进度计划编制的步骤

电子商务项目进度计划的编制包括了项目描述、项目分解与活动界定、工作描述、项目组织和工作责任分配、工作排序、计算工作量、估计工作持续时间、绘制网络图、进度安排等活动。

1．项目描述

项目描述是用一定形式列出项目目标、项目范围、项目如何执行及项目完成计划等内容，是制作项目计划和绘制WBS图的依据，目的是对项目总体做一个概要性的说明。项目描述的依据是项目的立项规划书和已经通过的初步设计方案和批准后的可行性研究报告，主要内容包括项目名称、项目目标、交付物、交付物完成准则、工作描述、工作规范、所需资源估计及重大里程碑等。

2. 项目分解与活动界定

活动就是项目 WBS 中确定的工作任务或工作元素,活动界定则是明确实现项目目标需要进行的各项活动。对于一个较小的项目,活动可能会界定到每一个人;但对于一个大而复杂的项目,项目经理就没有必要把每一个具体的活动都界定到每一个人,个人活动可以由工作任务的负责人或责任小组来界定。

3. 工作描述

在项目分解的基础上,为了更明确地描述项目所包含的各项工作的具体内容和要求,需要对工作进行描述。它作为编制项目计划的依据,同时便于项目实施过程中更清晰地领会各项工作的内容。工作描述的依据是项目描述和项目 WBS,其结果是工作描述表及项目工作列表。

4. 项目组织和工作责任分配

为了明确各部门或个人在项目中的责任,便于项目管理部门在项目实施过程中的管理协调,应根据项目 WBS 和项目组织结构图表对项目的每一项工作或任务分配责任者并落实责任,工作责任分配的结果是形成工作责任分配表。

5. 工作排序

一个项目有若干项工作和活动,这些工作和活动在时间上的先后顺序称为"逻辑关系"。逻辑关系可分为两类。一类是客观存在且不变的逻辑关系,也称为"强制性逻辑关系"。例如,应用程序的开发,一类是应进行需求分析,然后才能进行系统开发。另一类是可变的逻辑关系,这类逻辑关系随着人为约束条件的变化而变化,随着实施方案、人员调配和资源供应条件的变化而变化。工作排序的结果是项目工作关系表。

6. 计算工作量

根据项目分解情况,计算各工作或活动的工作量,包括工作内容、工作开展的前提条件、工作量及所需的资源等。

7. 估计工作持续时间

工作持续时间指在一定的条件下,直接完成该工作所需时间与必要停歇时间之和。工作持续时间是计算其他网络参数和确定项目工期的基础,其估计是编制项目进度计划的一项重要的基础工作,要求尽量客观、准确。

8. 绘制网络图

绘制网络图主要依据项目工作关系表,通过网络图的形式表达项目的工作关系。

9. 进度安排

在完成项目分解、确定各项工作和活动的先后顺序、计算工作量并估计出各项工作持续时间的基础上，即可安排项目的时间进度。

4.2.2 电子商务项目的活动定义和活动排序

1. 电子商务项目的活动定义

电子商务项目活动定义就是对 WBS 中规定的可交付成果或半成品的产品所必须进行的具体活动进行定义，并形成文档的过程。

电子商务项目活动定义的主要依据是电子商务项目目标、电子商务项目范围的界定和电子商务项目工作的分解结构。电子商务项目活动定义的结果是电子商务项目的活动清单，以及有关电子商务项目活动清单的支持细节等。

生成电子商务项目的活动清单可以采用下列活动定义的方法。

（1）活动分解技术。活动分解技术是在电子商务项目 WBS 的基础上，将电子商务项目工作按照一定的层次结构逐步分解为更小的、更具体的和更容易控制的许多具体的电子商务项目活动。

（2）模板法。已经完成的类似电子商务项目的活动清单或其中的一部分往往可以作为一个新的电子商务项目的活动清单的模板，通过对模板中包含的活动进行增减或修改就可以得到新的电子商务项目的活动清单。

2. 电子商务项目的活动排序

电子商务项目的活动排序是识别和记录电子商务项目活动间逻辑关系的过程。按逻辑关系排序，除了首尾两项，每项活动都至少有一项紧前活动和一项紧后活动。排序可使用电子商务项目管理软件或自动化技术，也可通过手工来实现。

4.2.3 电子商务项目的活动历时和工期估算

估算电子商务项目的活动历时时间即估算电子商务项目各项工作的持续时间，估算电子商务项目的工期即估算完成整个电子商务项目所需的总时间。估算的方法主要包括以下 3 种。

1. 德尔菲法

德尔菲法的步骤如下。

（1）协调人向各专家提供项目规模估计迭代表。

（2）协调人召集小组会，各专家讨论与规模相关的因素。

（3）各专家匿名填写迭代表格。

（4）协调人整理出一个估计总结，以迭代表的形式返回各专家。

（5）协调人召集小组会，讨论较大的估计差异。

（6）各专家复查估计总结并在迭代表上提交另一个匿名估计。

（7）重复步骤（4）～（6），直到较大差异的值趋于一致。

2. 类比法

类比法适合评估一些与历史项目在应用领域、环境和复杂度上相似的新项目，通过新项目与历史项目的比较得到规模估计。类比法估计结果的精确度取决于历史项目数据的完整性和准确度。因此，用好类比法的前提条件之一是组织建立起较好的项目评价与分析机制，对历史项目的数据分析是可信赖的。

类比法的基本步骤如下。

（1）整理出项目功能列表和实现每个功能的代码行。

（2）标识出每个功能列表与历史项目的相同点和不同点，特别要注意历史项目做得不够好的地方。

（3）通过步骤（1）和步骤（2）得出各个功能的估计值。

（4）产生规模估计。

3. 计划评审技术法

计划评审技术（Program Evaluation and Review Technique，PERT）是 20 世纪 50 年代末美国海军部开发北极星潜艇系统时为协调 3 000 多个承包商和研究机构而开发的，其理论基础是假设项目持续时间以及整个项目完成时间是随机的，且服从某种概率分布。PERT 可以估计整个项目在某个时间段内完成的概率。

如果对一项工作进行估计时缺乏足够的信息，或者说考虑到未来环境的变化，它的时间是个变量，这时可以采用三点时间估计法。

例如，可以按照最乐观的时间、最可能的时间和最悲观的时间来估计活动完成时间。每一个活动完成时间估计都用 3 个时间参数来表示。假定这 3 个时间参数遵循 β 分布（β 分布是一种常用的概率分布），基于 β 分布的概率假设，就可以计算出工期的期望值和方差。图 4-1 所示为单项活动的 PERT 所需时间估算。

PERT 对各个项目活动的完成时间按 3 种不同情况估计。

（1）最乐观的时间（Optimistic Time）：任何事情都顺利的情况下完成某项活动的时间。

（2）最可能的时间（Most Likely Time）：任何事情都正常的情况下完成某项活动的时间。

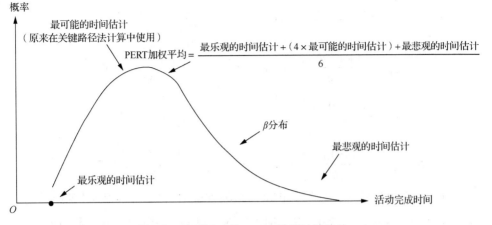

图 4-1　单项活动的 PERT 所需时间估计

（3）最悲观的时间（Pessimistic Time）：任何事情都最不利的情况下完成某项活动的时间。

假定 3 个时间估计均服从 β 分布，由此可计算出每个活动的期望值 t_i：

$$t_i = \frac{a_i + 4m_i + b_i}{6} \qquad (4-1)$$

式中　a_i——第 i 项活动的最乐观时间估计；

m_i——第 i 项活动的最可能时间估计；

b_i——第 i 项活动的最悲观时间估计。

根据 β 分布的方差计算方法，第 i 项活动的持续时间方差为：

$$\sigma^2{}_i = \frac{\left(b_i - a_i\right)^2}{36} \qquad (4-2)$$

例如，某地区想举办一个大型的展览会，为了宣传和征集企业来参展，主办单位要建设一个网站，其步骤可分解为网站的规划与设计、站点的建设、网站发布、管理与维护 4 个活动，每项活动顺次进行，没有时间上的重叠，系统工作分解和活动工期估计如图 4-2 所示。其中，每项活动的最乐观时间、最可能时间、最悲观时间，依次标识在该活动对应的箭线下方。

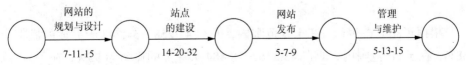

图 4-2　系统工作分解和活动工期估计

则各项活动的期望值和方差为：

$$t_{需求分析} = \frac{7+4\times11+15}{6} = 11 \qquad \sigma^2_{需求分析} = \frac{(15-7)^2}{36} \approx 1.778$$

$$t_{设计编码} = \frac{14+4\times20+32}{6} = 21 \qquad \sigma^2_{设计编码} = \frac{(32-14)^2}{36} = 9$$

$$t_{测试} = \frac{5+4\times7+9}{6} = 7 \qquad \sigma^2_{测试} = \frac{(9-5)^2}{36} \approx 0.444$$

$$t_{安装部署} = \frac{5+4\times13+15}{6} = 12 \qquad \sigma^2_{安装部署} = \frac{(15-5)^2}{36} \approx 2.778$$

对于整个项目的工期估算，PERT 认为整个项目的完成时间是各项活动完成时间之和且服从正态分布。整个项目完成的时间 t 的数学期望 T 和方差 σ^2 分别为：

$$T = \sum t_i = 11+21+7+12 = 51$$

$$\sigma^2 = \sum_{a^2} = 1.778+9+0.444+2.778 = 14$$

标准差为：

$$\sigma = \sqrt{\sigma^2} = \sqrt{14} \approx 3.742（天）$$

综上可以得出项目的工期正态分布图，如图 4-3 所示。

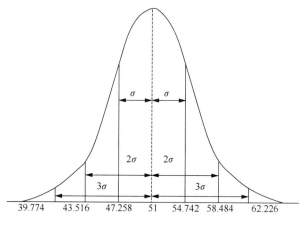

图 4-3　项目的工期正态分布图

根据正态分布规律，在 $\pm\sigma$ 范围内，即在 47.258～54.742 天完成的概率为 68%；在 $\pm2\sigma$ 范围内，即在 43.516～58.484 天完成的概率为 95%；在 $\pm3\sigma$ 范围内，即在 39.774～62.226 天完成的概率为 99%。如果客户要求在 39 天内完成，则可完成的概率几乎为 0，也就是说，项目有不可压缩的最小周期，这是客观规律。

通过查标准正态分布表，可得到整个项目在某一时间段内完成的概率。例如，如果客户要求在 60 天内完成，那么可能完成的概率为：

$$P(t \leqslant 60) = \varphi\left(\frac{60-T}{\sigma}\right) = \varphi\left(\frac{60-51}{3.742}\right) = 0.9918$$

如果客户要求再提前 7 天完成，则可能完成的概率为：

$$P(t \leqslant 53) = \varphi\left(\frac{53-T}{\sigma}\right) = \varphi\left(\frac{53-51}{3.742}\right) = 0.7019$$

实际上，大型项目的工期估算和进度控制非常复杂，往往需要将 CPM 和 PERT 结合使用，用 CPM 求出关键路径，再对关键路径上的各个活动用 PERT 估算完成期望值和方差，最后得出项目在某一时间段内完成的概率。PERT 还告诉我们，任何项目都有不可压缩的最小周期，这是客观规律。千万不能忽视客观规律而对客户盲目承诺，否则必然会受到客观规律的惩罚。

4.2.4 电子商务项目进度计划的编制方法

编制电子商务项目进度计划即明确电子商务项目每项工作的进度安排，包括确定每项工作的开始和结束时间，以及整个项目的总工期。当前用于编制进度计划的方法包括甘特图法、网络图法和关键路径法。

1. 甘特图法

甘特图也称为线条图或横道图，它是以横线来表示每项活动的起止时间。甘特图的作用包括项目进度计划、跟踪项目进度和测定工作负荷等。甘特图的优点是简单、明了、直观，易于编制，因此到目前为止仍然是小型项目中常用的工具。即使在大型系统开发项目中，它也是高级管理层了解全局和基层安排项目进度时的常用工具。图 4-4 所示是一个简单的甘特图。

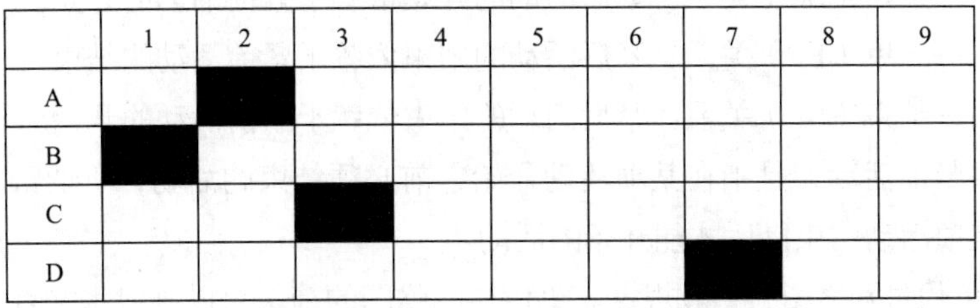

	1	2	3	4	5	6	7	8	9
A		■							
B	■								
C			■						
D							■		

图 4-4　一个简单的甘特图

在甘特图上，可以看出各项活动的开始和终止时间。在绘制各项活动的起止时间时，也考虑它们的先后顺序。但各项活动的先后关系却没有简洁地表示出来，同时也没有指出影响项目进度的关键所在。因此，对于复杂的项目来说，甘特图就显得不足。

2. 网络图法

网络图是一种运用特定的、有顺序的网络逻辑清晰地展现各活动单元间的先后关系，并根据项目各项活动的持续时间，确定项目每项活动的最早开始时间、最早结束时间、最晚开始时间和最晚结束时间，并做出项目进度网络计划的方法。

采用网络图法制订进度计划，能够帮助企业了解关键作业或某一环节的进度的变化对后续工程和总工期的影响度，便于及时地采取措施或对进度进行调整。

网络图可分为单代号网络图和双代号网络图两种。

（1）单代号网络图。单代号网络图又称为前导图，是指按活动先后顺序把每项活动作为一个方块，按照先后顺序用箭线图来表示。单代号活动位于节点上，也就是说，每一个节点表示一项活动，用箭头表示活动的先后顺序和相互关系。图4-5所示为单代号网络图，包括 A、B、C、D、E、F 这6项活动，以及项目的开始和结束节点。

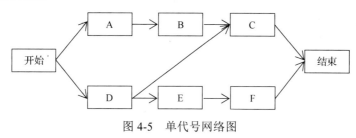

图4-5　单代号网络图

① 单代号网络图的4种逻辑关系。前导图法表示了活动之间的4种逻辑关系。

结束—开始（FS）关系：紧后活动的开始依赖于紧前活动的结束。

开始—开始（SS）关系：紧后活动的开始依赖于紧前活动的开始。

结束—结束（FF）关系：紧后活动的结束依赖于紧前活动的结束。

开始—结束（SF）关系：紧后活动的结束依赖于紧前活动的开始。

所谓紧前活动，是指在某项活动开始之前必须结束的活动；所谓紧后活动，是指在某项活动结束以后才能开始的活动。

② 单代号网络图的一般规定。单代号网络图的箭头可以画成水平直线、折线或斜线，箭头的方向应自左向右，表示活动的进行方向。

③ 绘制单代号网络图的规则。严禁出现循环回路，严禁出现双向箭头或者无箭头的连线，严禁出现没有箭尾节点和没有箭头节点的箭线，只能有一个起点节点和一个终点节点。

（2）双代号网络图。双代号网络图法是一种利用箭线代表活动，而在节点处将活动连接起来表示依赖关系的编制项目网络图的方法。双代号网络图与单代号网络图的区别是后者把工作放在节点上。双代号网络图的工作是用箭线来表示，而节点反映的是工作的起始和结束时间。

① 双代号网络图的一般画法。圆圈（节点）表示一个事件（Event），表示指向它的活动的结束，离开它的活动的开始。连接两个节点的箭线代表一个活动，每条箭线始于一个节点，表示活动的开始；每条箭线终止于另一个节点，表示活动的结束。活动用箭线表示。另外，箭线的长度并不与活动的持续时间成正比。双代号网络图如图 4-6 所示。

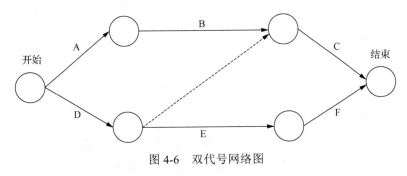

图 4-6　双代号网络图

用箭线图法绘制的软件开发双代号网络图如图 4-7 所示。

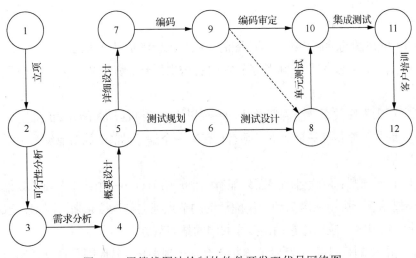

图 4-7　用箭线图法绘制的软件开发双代号网络图

由于活动是通过节点联系起来的，因此双代号网络图所表示的活动之间的逻辑关系只能是"结束—开始"型的。为了正确地描述活动之间的各种逻辑关系，必要时双代号网络图需要引入虚活动，虚活动没有历时，不需要资源，用虚箭线表示。图 4-8 所示为双代号网络图的正误，在图中，箭线除了可以表示对活动的描述之外，箭线还可以加上负责人、工期估计等内容，分行排列在箭线的两侧，以能够描述更多有关活动的信息。

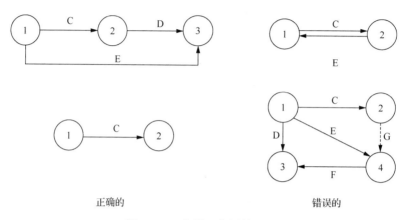

正确的   错误的

图 4-8   双代号网络图的正误

② 箭线图法的一般规定。

- 双代号网络图中，一项活动只有唯一的一条箭线和相应的一对节点编号，箭尾的节点编号小于箭头的节点编号。节点编号从小到大，可以间断，但严禁重复。

- 虚箭线表示虚活动。

- 严禁出现循环回路。

（3）网络图的绘制规则。网络图的绘制，需要满足以下规则。

① 有向图：应按照时间顺序从左向右依次展开，箭线从左至右指向且可以交叉。

② 逻辑先后关系：全部紧前活动完成以后，后续活动才能开始绘制。

③ 编号顺序：每一个节点必须有且仅有一个编号，箭头的节点编号大于箭尾的节点编号。

④ 首尾原则：双代号网络图只能有一个开始节点和一个结束节点。如果项目有多个起始点，可引入虚活动，用虚活动的节点把它们连接起来。同理，当项目有多个终结点时，应当把它们连接成共同的结束节点。

⑤ 循环和假设属性：活动的连接不允许出现循环，其原因是具有循环的项目

网络图不能显示项目的整个工期。

（4）项目网络图的绘制步骤。一般来说，绘制项目网络图需要 4 个基本的步骤。

① 借助于 WBS 列出项目的活动清单。该步骤其实就是活动定义所要完成的任务。

② 界定各项活动之间的关系。首先，对于每项活动必须明确以下问题。

哪些活动需要安排在此项活动之前？或者说，在进行此项活动之前，哪些活动需要完成？哪些活动需要安排在此项活动之后？或者说，在此项活动结束之前，哪些活动不能开始？哪些活动可以和此项活动同时进行？或者说，哪些活动可以和此项活动在同一段时间内进行？

通过明确上述问题就可以界定各项活动之间的关系，但是有些活动之间的关系可能不会很清楚，只有真正动手绘制网络图时才能明确。

③ 绘制项目网络图。根据以上步骤的结果，绘制一张完整的、可行的项目网络图。

④ 检查项目网络图的逻辑结构。为了得到最佳的项目网络图，需要对所绘制的项目网络图的逻辑结构进行检查。此时，通常需要对每一项活动及活动之间的关系进行审查，以保证所有的活动都是必要的，所有活动之间的关系都是恰当的。另外，在这一步骤中，应注意把项目网络图和 WBS 对照起来，这样可能还会发现一些不必要的项目活动。

3. 关键路径法

关键路径法（Critical Path Method，CPM）关注的核心是项目活动网络中关键路径的确定和关键路径总时间的计算，其目的是使整个项目工期最短。关键路径法通过反复调整项目活动的计划安排和资源分配方案，使项目活动网络中的关键路径逐步优化，最终确定出合理的项目进度计划。因为只有项目中时间最长的活动路径完成以后，项目才能够完成，所以一个项目最长的活动路径被称为"关键路径"。

（1）项目活动间的依赖关系

如前所述，项目活动间存在 4 种逻辑关系：结束—开始（FS）关系、结束—结束（FF）关系、开始—开始（SS）关系、开始—结束（SF）关系。每项活动有 4 个和时间相关的参数。

① 最早开始时间（ES）：某项活动能够开始的最早时间。

② 最早结束时间（EF）：某项活动能够完成的最早时间。

$$EF=ES+活动持续时间估计 \qquad (4\text{-}3)$$

③ 最晚结束时间（LF）：为了使项目按时完成，某项活动必须完成的最晚时间。

④ 最晚开始时间（LS）：为了使项目按时完成，某项活动必须开始的最晚时间。

$$LS=LF-活动持续时间估计 \qquad (4\text{-}4)$$

（2）关键路径法的规则

① 某项活动的最早开始时间必须不早于直接指向该项活动的最早结束时间中的最晚时间。

② 某项活动的最晚结束时间必须不晚于该项活动直接指向的所有活动最晚开始时间的最早时间。

（3）关键路径法的特点

① 关键路径上活动的持续时间决定项目的工期，关键路径上所有活动的持续时间加起来就是项目的工期。

② 关键路径上任何一个活动都是关键活动，其中任何一个活动的延迟都会导致整个项目完成时间的延迟。

③ 关键路径是从起点到终点的项目路线中耗时最长的路线。因此，要想缩短项目的工期，必须在关键路径上想办法。反之，若关键路径的耗时延长，则整个项目的工期就会延长。

④ 关键路径的耗时是可以完成项目的最短时间量。

⑤ 关键路径上的活动是总时差最小的活动。

（4）关键路径法的计算逻辑

① 正推法。正推法确定每项活动的最早开始时间（ES）和最早结束时间（EF），是指从项目的开始往结束的方向推导，以此计算网络图中每项活动的最早开始时间和最早结束时间。

从网络图的左边开始，最早开始时间加上活动持续时间，就得到最早结束时间。在不同路径的交会点，应取它紧前活动最早结束时间中的最晚值，作为该项活动的最早开始时间。

正推法—计算最早开始时间和最早结束时间如图 4-9 所示。该图所示的举办活动项目的预计开始时间为 0 天，因此活动"写活动策划"的最早开始时间为 0 天，由于该项活动的持续时间为 7 天，则该项活动的最早结束时间为 7 天。同理，活动"物料准备"的最早开始时间为 0 天，最早结束时间为 8 天；活动"租场地"的最早开始时间为 0 天，最早结束时间为 3 天。对于活动"举办活动"，由于其前

3 个紧前活动的最早结束时间的最晚值为 8 天,因此该项活动的最早开始时间只能是 8 天,其最早结束时间为 8 天加上其持续时间 1 天,即为 9 天。从该例可以看出,最早开始时间和最早结束时间是通过正向计算得到的,即从项目开始沿网络图到项目完成进行计算,这种方法叫作正推法。

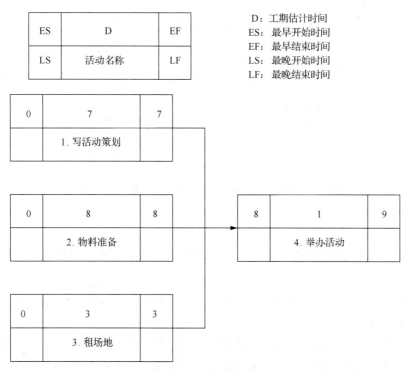

图 4-9 正推法—计算最早开始时间和最早结束时间

② 逆推法。逆推法确定了每项活动的最晚开始时间(LS)和最晚结束时间(LF),是指从项目提交结果的最后期限算起,看看每项活动最晚什么时间结束,或者最晚必须什么时间开始的方法。

从网络图的右边开始,最晚结束时间减去活动持续时间,就得到最晚开始时间。在不同路径的交会点,应取它紧后活动最晚开始时间中的最早值,作为该项活动的最晚结束时间。

逆推法—计算最晚开始时间和最晚结束时间如图 4-10 所示。该图所示的装修房子项目要求完工时间为第 30 天,则活动"装修材料准备"和活动"装修"的最晚结束时间都只能是第 30 天,进一步用最晚结束时间减去活动的持续时间估计可计算出这两个活动的最晚开始时间,分别为第 10 天、第 15 天。由于活动"装修方案确定"的紧后活动,即"装修材料准备"和"装修"这两个活动的最晚开始时间的最早时间为第 10 天，所以"装修方案确定"的最晚结束时间只能是第 10 天，进一步可计算出该项活动的最晚开始时间为第 2 天。从该例可知，最晚结束时间和最晚开始时间是通过反向推算得出的，即从项目完成沿网络图到项目的开始时间推算，这种方法叫作逆推法。

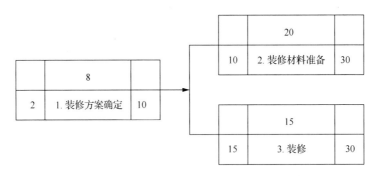

图 4-10　逆推法—计算最晚开始时间和最晚结束时间

（5）关键路径法的计算步骤

① 将项目中的各项活动视为有时间属性的节点，从项目起点到终点进行排列。

② 用有方向的线段标出各节点的紧前活动和紧后活动的关系，使之成为一个有方向的网络图。

③ 用正推法计算出各个任务的最早开始时间（ES）和最早结束时间（EF）。

④ 用逆推法计算出各个任务的最晚开始时间（LS）和最晚结束时间（LF）。

⑤ 用下面的公式计算出各个活动的时差（TF）：

$$TF_i = LF_i - EF_i = LS_i - ES_i \qquad (4\text{-}5)$$

⑥ 找到总时差为零的活动组成的路线，即为关键路径。

（6）时差

① 总时差。总时差（Total Slack，TS），是指在不延误项目完成日期的情况下，活动自其最早开始时间起可推迟的时间。根据总时差的含义，其计算公式为：

总时差=最晚开始时间（LS）-最早开始时间（ES）　　　（4-6）

如果活动的持续时间是不变的，则活动的最早开始时间和最晚开始时间的差值与其最早结束时间和最晚结束时间的差值是一样的，即总时差也可按如下公式计算：

总时差（TS）=最晚结束时间（LF）-最早结束时间（EF）

=最晚结束时间（LF）-最早开始时间（ES）-活动持续时间（4-7）

以上计算总时差的公式表明总时差可以是负值，当最晚开始时间晚于最早开始时间或最晚结束时间晚于最早结束时间时，总时差就是负值。负的总时差值意味着项目将要延迟。

附有总时差值的某网站建设项目的进度计划表如表 4-1 所示。

表 4-1　附有总时差值的某网站建设项目的进度计划表

序号	活动名称	负责人	工期估计	最早		最晚		总时差
				开始时间	结束时间	开始时间	结束时间	
1	设计机房	林杰	3	0	3	−8	−5	−8
2	设计布线	林杰	10	3	13	−5	5	−8
3	设计网络	田涛	20	13	33	5	25	−8
4	机房装修	赵伟	5	33	38	25	30	−8
5	机房布线	赵伟	2	38	40	38	40	0
6	采购执行	李勇	10	38	48	30	40	−8
7	确定需求	周靖生	12	38	50	88	100	50
8	网页设计	刘程远	2	38	40	98	100	60
9	网站编程	赵志宏	65	48	113	40	105	−8
10	测试网站	李成	5	50	55	100	105	50
11	培训客户	李勇	7	113	120	105	112	−8
12	分析效果	林杰	8	120	128	112	120	−8
13	鉴定项目	王倩	10	128	138	120	130	−8

总时差表明了在保证项目如期完工的情况下，各项活动的机动时间或时间潜力，总时差越大，说明时间潜力也越大。具体而言，如果总时差为正值，表明该条路径上各项活动花费的时间总量可以延长，而不会影响项目的如期完工；如果总时差为负值，则表明该条路径上各项活动要加速完成以减少整个路径上花费的时间总量，保证项目如期完成；如果总时差为零，则表明该条路径上的各项活动不必加速完成但是也不能拖延。

根据总时差可以定义许多有用的概念，如总时差为零的活动是关键活动（Critical Activity），这些活动决定了项目的总工期，总时差很大的活动叫作松弛活动，总时差小的活动叫作次关键活动（Near-Critical Activity），总时差为负值的活动叫作超关键活动（Super-Critical Activity）。另外，一个大的网络图从开始到结束可以有很多路径，一些路径可以有正的总时差，另一些路径可能有负的总时差。具有正的总时差的路径叫作非关键路径（Non-Critical Path），而总时差为零或最小（可能是负值）的路径叫作关键路径（Critical Path），其中耗时最长的路径经常叫作最关键路径（Most-Critical Path）。

② 自由时差。如果一项活动所用的时间比其估计的持续时间长，也就是说，如果该项活动战胜了总时差，相应路径上其他活动的可用时差就会减少。然而，有时候某些活动会有另一种时差，活动对该种时差的使用不会对其后续活动产生任何影响，这种时差就是自由时差。

自由时差（Free Slack），是指某项活动在不推迟其任何紧后活动的最早开始时间的情况下可以延迟的时间量。根据自由时差的含义，其计算可采用如下公式：

自由时差=活动的紧后活动的最早开始时间-活动的最早结束时间

=活动的紧后活动的最早开始时间-活动的最早开始时间-活动

持续时间   (4-8)

显然，在活动的紧后活动有多个的情况下，公式中"活动的紧后活动的最早开始时间"应取最早开始时间中的最小值的那个紧后活动的最早开始时间值，只有这样才不会推迟活动的任何紧后活动的最早开始时间。并且，自由时差总为非负值。

4.3 电子商务项目进度计划的优化

面对能满足电子商务项目总工期要求的进度安排，项目管理者往往希望能找到最佳的进度安排方案，这就是我们通常所说的优化。根据不同的优化目标，电子商务项目进度计划的优化可分为进度优化、进度—资源优化和进度—成本优化。

4.3.1 电子商务项目进度优化

电子商务项目的进度优化包括两种情况：一种是初始网络图的关键路径的长度小于规定的完工工期，另一种是关键路径的长度大于规定的完工工期。

当关键路径的长度小于规定的期限时，意味着各工序的机动时间还可以增加，它可用来增加某些关键工序的延续时间，从而可使资源需要量的峰值降低，并减少单位时间资源需要的强度，以降低项目成本。

当关键路径的长度大于规定的期限时，则需要通过缩短处于关键路径上各工序的完工时间，来达到完工工期的约束。缩短关键工序的完工时间有如下途径。

（1）采取组织措施增加关键工序的人力、物力投入。例如，改一班作业为二班作业或三班作业，改单机作业为多机作业，采取适当的技术或组织措施来提高效率。

（2）采用新设备、新工艺，提高效率。

（3）在关键工序上采用平行作业和交叉作业。

（4）在非关键路径上的一些有机动时间的工序中挖潜，从中抽出一些人力、物力支援关键工序，这样既可以使关键工序提前完成，又不会影响该项工序的如期完工。在缩短关键路径的总工期时，非关键路径可能上升为关键路径。所以在调整时也要注意非关键路径的时差，注意是否有新的关键路径出现。

在采取各种措施缩短工期的过程中，可能会出现几种均满足规定工期的不同方案，这时应通过技术经济比较来择优。如果采取各种措施后，新得到的工期仍然大于规定的期限，则应报请上级有关机构，要求合理地改动规定的期限，并根据实际情况提出关于合理工期的建议。

4.3.2 电子商务项目进度—资源优化

在进行初始网络图的电子商务项目进度优化时，往往是从完成电子商务项目所需要的资源不受限制这一条件出发的。但很多实践中的电子商务项目都不满足这一条件。

（1）不受人力、设备、动力、材料、资金等条件限制的大型电子商务项目是不存在的，很多情况下由于资源不能满足"峰值"的需要而不得不使某些工序推迟。

（2）初始工序流线图所需要的各种资源在时间上的分布往往极不均匀，因而给电子商务项目的进行造成困难并增加成本，所以要对网络图进行进度—资源优化。

4.3.3 电子商务项目进度—成本优化

实施任何一个电子商务项目都要注重经济效益，既要使电子商务项目在规定的期限内完成，又要使其成本最低，这就是电子商务项目进度—成本优化问题。

一般来说，完成整个电子商务项目的总成本是由直接成本和间接成本两部分组成的。通常为了使工期比正常工期缩短，总要采取一些技术上或组织上的措施，如采用新技术、新工艺、增加设备和人员等。所以当工期比正常工期缩短时，其直接成本是要增加的，而间接成本却随着工期的缩短而减少。

4.4 电子商务项目进度控制

在电子商务项目进度计划实施过程中，为掌握进度计划的实施状况，将实际情况与计划进行对比分析，在实际进度向不理想方向偏离并超出了一定的限度时采取纠正措施，使项目按预定的进度目标进行，避免项目工期的拖延，这一过程叫作电子商务项目进度控制。

4.4.1 电子商务项目进度控制的原理

电子商务项目进度控制的原理主要体现了以下特征。一是电子商务项目进度—成本优化在项目工期和成本之间寻求一种均衡，使得在工期最短的时候成本最低，或者在成本最低的情况下工期最短，从而使两者之间达到最优的组合。这是电子商务项目进度控制的首要内容。二是由于企业同时存在许多电子商务项目，经常发生项目之间争夺资源、相互影响的现象。因此，在资源有限的情况下，企业如何协调每个项目的计划和资源是电子商务项目进度控制的关键内容。

4.4.2 电子商务项目进度控制的实施

1. 电子商务项目进度控制的实施内容

电子商务项目进度控制的实施内容主要表现在组织管理、技术管理和信息管理等几个方面，其中，组织管理包括以下4个方面的内容。

（1）项目经理监督并控制项目进展情况。

（2）进行项目分解，如按项目结构分，按项目进展阶段分，按合同结果分等，并建立编码体系。

（3）制定进度协调制度，确定会议时间和参与人员等。

（4）对影响进度的干扰因素和潜在风险进行分析。

2. 电子商务项目进度控制的实施阶段

电子商务项目进度控制的实施可以分为准备阶段、需求分析和设计阶段、实施阶段3个阶段。

（1）准备阶段。该阶段进度控制的任务是：向客户提供有关项目信息，协助客户确定工期总目标；编制阶段计划和项目总进度计划；控制该计划的执行。

（2）需求分析和设计阶段。该阶段进度控制的任务是：编制与客户的沟通计划、进行需求分析、设计工作进度计划、控制相关计划的执行等。

（3）实施阶段。该阶段进度控制任务是：编制实施总进度计划并控制其执行，编制实施计划并控制其执行。由甲、乙双方协调进度计划的编制、调整并采取措施确保进度目标的实施。

3. 电子商务项目进度控制的实施方法

电子商务项目的实际进度与计划进度比较阶段的典型方法有横道图、S形曲线、前锋线；分析进度偏差对后续工作及总工期影响阶段的典型方法有进度偏差分析、网络计划技术；进度计划调整阶段的典型方法有前锋线、图上记录法、报告表法等。本部分介绍典型的前锋线比较法。

前锋线比较法是通过绘制某检查时刻项目实际进度前锋线，比较项目实际进度与计划进度的方法，它主要适用于时标网络计划。所谓前锋线，是指在原时标网络计划上，从检查时刻的时标点出发，用点画线依次将各项计划实际进展的位置点连接而成的折线。前锋线比较法就是通过实际进度前锋线与计划进度中各工作箭线交点的位置来判断活动实际进度与计划进度的偏差，进而判定该偏差对后续活动及总工期影响的一种方法。

 案例分析

希赛信息技术有限公司电子商务平台项目

希赛信息技术有限公司因公司业务发展的需要，由于，急于启动电子商务平台项目。小赵为工厂主管，被总裁要求准备一份关于尽快启动电子商务平台项目的进度和成本的估算报告，他粗略地估算了该项目在常规速度下需要花费的时间和成本。

在第一次项目团队会议上，项目团队确定了与项目相关的任务如下。

第一项任务是比较现有电子商务平台，按照常规速度估算完成这项任务需要花费10天时间，成本为15 000元。但是，如果使用允许的最多加班工作量，则完

成任务需花费 7 天时间，成本为 18 750 元。

一旦完成任务，就需要向最高管理层提交项目计划和项目定义文件，以便获得批准。项目团队估算完成这项任务按正常速度需要花费 5 天时间，成本为 3 750 元。如果赶工完成这项任务需要花费 3 天时间，成本为 4 500 元。

当项目团队获得最高管理层批准后，各项工作就可以开始了。项目团队估算需求分析需要花费 15 天时间，成本为 45 000 元。如加班则需要花费 10 天时间，成本为 58 500 元。

设计完成后，有 3 项任务必须同时进行：①开发电子商务平台数据库；②开发和编写实际网页代码；③开发和编写电子商务平台表格码。项目团队估算数据库的开发在不加班的时候工期为 10 天时间，成本为 9 000 元；加班时工期为 7 天时间，成本为 11 250 元。同样，项目团队估算在不加班的情况下，开发和编写网页代码需要在花费 10 天时间和成本为 17 500 元的情况下完成任务，加班时可以在工期为 8 天时间和成本为 19 500 元的情况下完成任务。开发表格工作分包给别的公司，需要在花费 7 天时间和 8 400 元的情况下完成任务。开发表格的公司并没有提供赶工多收费的方案。

最后，一旦数据库被开发出来，网页和表格编码完毕，整个电子商务平台就需要进行测试、修改，项目团队估算需花费 3 天时间，成本为 4 500 元。如果加班，则可以减少 1 天时间和成本为 6 750 元。

思考：

1．如果不加班，完成这一项目要花费多长时间，成本是多少？

2．项目可以完成的最短时间量是多少，在最短时间内完成项目的成本是多少？

3．假定比较其他电子商务平台的任务执行需要花费 13 天时间而不是原来估算的花费 10 天时间，小赵将采取什么行动来保持项目按常规速度进行？

4．假定总裁想在 35 天内完成项目，小赵将采取什么行动来达到这一期限？在 35 天内完成项目将花费多少？

 思考与练习

一、不定项选择题

1．以下哪些是电子商务项目活动定义的工具和技术？（　　　　）

　　A．活动分解技术　　　　　　　　　B．计划评审技术

　　C．模板法　　　　　　　　　　　　D．关键路径法

2．电子商务项目工作量和工期的估算通常有下面哪几种方法？（　　　）

    A．德尔菲法   B．功能点估计法

    C．计划评审技术法   D．类比法

3．活动的时间估计包括以下哪几种？（　　　）

    A．最乐观的时间估计   B．最可能的时间估计

    C．最悲观的时间估计   D．最不可能的时间估计

4．电子商务项目活动间存在哪几种逻辑关系？（　　　）

    A．结束—开始（FS）关系   B．结束—结束（FF）关系

    C．开始—开始（SS）关系   D．开始—结束（SF）关系

5．电子商务项目进度的优化包括哪几个方面？（　　　）

    A．系统优化   B．进度优化

    C．进度—资源优化   D．进度—成本优化

二、名词解释

1．电子项目进度管理

2．电子项目活动定义

3．活动分解技术

4．前导图法

5．关键路径法

三、简答题

1．简述电子项目进度管理的过程。

2．简述甘特图的定义、作用及优缺点。

3．简述前导图法（用于绘制单代号网络图）的绘制规则约束。

4．简述网络图的规则。

5．简述关键路径法的规则和特点。

 实训项目四

    请根据素材文件（配套资源/第4章/实训项目四）内容，以及实训项目三中的WBS的结果，估算每项活动的完工时间，绘制该项目的网络图，并计算项目的最短完工周期，以及每项活动的开工时间和完工时间。

第5章 电子商务项目成本管理

学习目标

- 了解电子商务项目成本管理的内容。
- 熟悉电子商务项目资源计划编制的方法。
- 了解电子商务项目成本估算和成本预算的概念。
- 掌握电子商务项目估算的方法。
- 熟悉电子商务项目成本控制的方法和工具。
- 遵循成本管理"诚实、正直、客观和责任"的职业道德。

知识要点

- 电子商务项目成本的定义。
- 电子商务项目成本估算的工具和方法。
- 电子商务项目成本控制的工具和方法。

导入案例

必圈信息技术有限公司开发项目成本管理

必圈信息技术有限公司于 2017 年 4 月开发聚合支付移动支付项目，该项目旨在为入驻的商家提供支付宝、微信等多种支付方式，提供 AA 支付、随机支付等更多趣味支付功能，实现聚合支付的前沿产品，实现"一码走天下"。

该公司设有技术部、营销推广部、秘书处等多个部门。针对该项目，该公司建立相应的项目组，对该项目进行调研，访问各种商户获得可靠数据；随后组建技术团队，对聚合支付系统的软硬件、数据库等进行选择，同时对聚合支付系统的界面和内容进行设计，初步通过系统的搭建来完成对项目的设想。该公司用了 6 个月完成该系统的调查和搭建并对系统项目进行初步的推广，并在进行初步推广期间，不断维护和完善系统功能。项目团队对各个环节的成本进行逐一的估算，项目团队技术人员月薪为 1.5 万元，系统维护人员月薪为 0.8 万元，推广人员月薪为 0.4 万元，6 名技术人员完成系统搭建花费了 3 个月的时间；系统开发出来后的 3 个月中，有 2 名系统维护人员对系统进行维护，5 名推广人员对系统进行推广。在系统开发出来后的 6 个月中，完成对系统的搭建，并在后期对系统进行维护和推广，在预定的时间内完成了各项工作，员工薪资总计花费 37.8 万元；系统选择软硬件、数据库等多种操作环境所需的成本，系统后期的开发和维护中所需要的各种成本，合计为 55 万元；项目团队在开发系统前期所需的通信费、差旅费等费用合计为 10 万元：所有子成本合计为 102.8 万元。

2017 年 7 月，项目在聚合支付和趣味支付的基础上，已建设了 3 个子系统：商户审核子系统、商户交易子系统、代理商管理子系统。通过这几个子系统，在发展老客户的同时吸引新客户的入驻，根据系统的实际情况，对入驻后的商户定期进行电话调查，对系统功能不断地进行修改和优化。在完成基础功能和增值功能的建设和优化后，对该系统进行初步推广。2017 年 10 月，项目团队对成本进行核算，项目团队的通信费、差旅费合计为 12 万元，系统搭建和维护成本达到 60 万元，将推广人员增加至 15 人，员工薪资花费总计 49.8 万元，已累计花费了 121.8 万元，超过了预算的成本。

思考：

你觉得该项目成本超出预算出于什么原因？

5.1 电子商务项目成本管理概述

电子商务项目成本是指为实现电子商务项目目标而开展各项活动所耗用资源的货币总和，电子商务项目成本的控制和管理往往是投资者或项目实施者密切关注的问题之一。

电子商务项目成本管理概述

5.1.1 电子商务项目成本管理的内容

电子商务项目成本管理是为保障以最小的成本实现最大的项目价值而开展的电子商务项目专项管理工作。电子商务项目成本管理也可以理解为：为了确保完成项目目标，在批准的预算内，对项目实施所进行的按时、保

第 5 章 电子商务项目成本管理

99

质、高效的管理过程和活动。这里值得注意的是，虽然电子商务项目的成本管理追求成本价值的最大化，但并不意味着项目的成本越小越好，而是要把能满足电子商务项目目标作为前提条件。

电子商务项目成本管理的具体内容包含电子商务项目资源计划编制、电子商务项目成本估算、电子商务项目成本预算和电子商务项目成本控制 4 个部分。其中，电子商务项目资源计划是开展电子商务项目成本管理中成本的估算、预算分配和成本控制工作的依据。

5.1.2　电子商务项目资源计划的编制

1. 电子商务项目资源计划的编制内容

电子商务项目资源计划的过程就是确定电子商务项目所需要的资源的过程。该部分以工作分解结构、项目进度计划、资源安排描述、组织策略和相关历史信息为依据，通过分析和识别资源需求确定本项目的资源。从总体上来讲，电子商务项目资源计划包括两个部分。

（1）明确哪些资源可以为本项目所利用，这是电子商务项目资源计划的前提条件。

（2）该项目需要哪些资源，根据电子商务项目的进度、合同的截止日期，以及项目团队的成员结构决定。

一般来说，电子商务项目实际所需的资源包括硬件资源和软件资源两个部分。其中，硬件资源包括人员、设备、物资、资金及时间等，软件资源包括电子商务项目所需的各种技术、信息等。

2. 电子商务项目资源计划的编制方法

（1）专家判断法。专家判断法是指由项目成本管理专家根据经验和判断确定和编制项目资源计划的方法。这种方法通常又有以下两种具体的形式。

① 专家小组法。专家小组法是指组织一组相关领域专家在调查研究的基础上，通过召开专家小组座谈会的方式，共同探讨并提出项目资源计划方案，然后制订出项目资源计划的方法。

② 德尔菲法。德尔菲法是由一名协调者通过组织专家进行资源需求估算，然后汇集专家意见，整理并编制项目资源计划的方法。通常，协调者起联系、协调、分析和归纳结果的作用，专家们不见面、不讨论，只与协调者发生联系，并做出各自的判断。

专家判断法的优点是：主要依靠专家判断，基本不需要历史信息资料，适用于全新的项目。专家判断法的缺点是：如果专家的水平不一，专家对于项目的理解不同，就会造成项目资源计划出现问题。

（2）统一定额法。统一定额法是指使用国家或民间统一的标准定额和工程量计算规则来制订项目资源计划的方法。所谓"统一的标准定额"是指在一定的技术装备和组织条件下，由权威部门（国家或民间）制订出的为完成一定量的工作，所需消耗和占用的资源质量和数量限定标准或额度。这些统一的标准定额都是衡量项目经济效果的尺度，套用这些统一的标准定额来编制项目资源计划是一种很简便的方法。但是，由于统一的标准定额相对比较固定，无法适应技术装备、工艺和劳动生产效率的快速变化。

（3）资料统计法。资料统计法是指使用历史项目的统计数据资料，计算和确定项目资源计划的方法。这种方法要求有足够数量的历史统计资料，而且有具体的数量指标以反映项目资源的规模、质量、消耗速度等。通常这些指标又可以分为实物量指标、劳动量指标和价值量指标。实物量指标多数用来表明物质资源的需求数量指标，这类指标一般表现为绝对数指标。劳动量指标主要用于表明人力的使用，这类指标可以是绝对量指标，也可以是相对量指标。价值量指标主要用于表示资源的货币价值，一般使用本国货币币值表示活劳动或物化劳动的价值。利用资料统计法计算和确定项目资源计划，能够得出比较准确、合理和切实可行的项目资源计划。但是，因为这种方法要求有详细的历史数据，并且要求这些历史数据具有可比性，所以这种方法的推广和使用有一定的难度。

（4）项目成本管理软件法。项目成本管理软件法是使用现成的项目管理软件来编制项目资源计划的方法。现在，市场上已经有许多项目资源计划编制方面的通用软件系统，不仅可以储存资源库信息，还可以定义资源的使用定额，以及确定资源需求的时间等。但是，这种系统的复杂程度和功能强度不同，需要根据项目的需要进行必要的选用。

3. 电子商务项目资源计划的结果

电子商务项目资源计划编制工作主要是生成一份电子商务项目资源计划书。这一计划书给出了电子商务项目资源的数量、质量和投入等方面的要求与安排。这种资源的数量、质量和投入等方面的安排至少应该是针对项目 WBS 的最下层要素（工作包）给出的。更进一步，这种电子商务项目资源计划书也可以按照电子商务项目活动分解的结果，即按照电子商务项目每项活动所需消耗的资源，自上而下地滚动到工作包的资源需求，然后编制电子商务项目资源计划。

5.2　电子商务项目成本估算

电子商务项目成本估算工作的核心就是要估算出整个项目的总成本。电子商务项目是由各项任务或活动单元组成的，所以总成本的估算工作往往需要先理解电子商务项目成本的构成。

5.2.1　电子商务项目成本的构成

（1）按与电子商务项目的业务关系划分，电子商务项目成本分为电子商务项目直接成本和电子商务项目间接成本。

电子商务项目直接成本主要是指与电子商务项目有直接关系的成本，是与电子商务项目业务量直接对应的成本。电子商务项目直接成本主要包括以下两个方面。

① 直接人工成本，如电子商务项目工作包的工人的工资、职工福利费和劳动保护费等。

② 直接材料成本，如在电子商务项目实施过程中直接从事工程消耗的、构成工程实体的或有助于工程形成的各种材料、结构件的实际成本，以及周转材料的摊销及租赁成本。

电子商务项目间接成本是指与电子商务项目的完成没有直接关系，成本的发生基本上不受电子商务项目业务量增减所影响的成本。电子商务项目间接成本主要包括筹资成本、税金及电子商务项目管理成本，如人工费、固定资产使用费、办公费、差旅费和保险费等。

（2）按电子商务项目生命周期阶段划分，电子商务项目成本分为电子商务项目决策和界定成本、电子商务项目设计成本、电子商务项目资源获取成本和电子商务项目实施成本。

① 电子商务项目决策和界定成本，是指在电子商务项目启动过程中用于信息收集、可行性研究、电子商务项目选择以及电子商务项目目标确定等一系列分析、决策活动所消耗的成本。

② 电子商务项目设计成本，是指用于电子商务项目设计工作所花费的成本，如电子商务项目施工图设计成本、新产品设计成本等。

③ 电子商务项目资源获取成本，是指为了获取电子商务项目的各种资源需要花费的成本，如对于电子商务项目所需物资设备的询价、供应商选择、合同谈判与合同履约等的管理所发生的成本（人力、财力、物力），但不包括所获取资源的价格成本。

④ 电子商务项目实施成本，是指为完成电子商务项目的目标而耗用的各种资源所发生的成本，是电子商务项目总成本的主要构成部分。电子商务项目实施成本具体包括人力资源成本、物料成本、设备成本、咨询成本、其他成本及不可预见成本等。

5.2.2　电子商务项目成本估算的依据

1. 电子商务项目成本估算的概念

电子商务项目项目成本管理是按照事先拟订的计划，将电子商务项目实施过程中发生的各种实际成本与预算成本进行对比、检查、监督和纠正，尽量使电子商务项目的实际成本控制在计划和预算范围内的管理过程。

《PMBOK®指南》（第6版）定义的电子商务项目成本管理包括以下4个过程。

（1）规划成本管理是指确定如何估算、预算、管理、监督和控制项目成本的过程。

（2）估算成本是指对完成电子商务项目活动所需货币资源进行近似估算的过程。

（3）制定预算是指汇总所有单个活动或工作包的估算成本，建立一个经批准的成本基准的过程。

（4）控制成本是指监督电子商务项目状态，以更新电子商务项目成本和管理成本基准变更的过程。

电子商务项目成本估算是指为了实现电子商务项目的目标，根据电子商务项目中各项活动资源估算确定的资源需求，以及市场上各项资源的价格信息，对电子商务项目所需资源的全部成本进行的估算，需要按照上述4个过程展开。

2. 电子商务项目成本估算的依据

电子商务项目成本估算的依据包括以下几个方面。

（1）范围基准。范围基准包括已批准的详细电子商务项目范围说明书、WBS内容等。

（2）电子商务项目进度计划。电子商务项目进度计划电子商务项目成本估算过程的主要依据，包括进度计划中各项活动所需的资源及其各项活动的持续时间。

（3）电子商务项目人力资源计划。电子商务项目人力资源计划中的项目人员的属性和人工费用等信息都将是编制项目成本估算的必要组成部分。

（4）电子商务项目风险分析。在编制电子商务项目成本估算时，项目团队应充分分析电子商务项目面临的风险，尤其是风险发生时，电子商务项目面临的具体损失。一般来说，当电子商务项目遭遇不利风险时，电子商务项目成本几乎总是增加的，而项目进度也将会延误，带来更大的成本负担。因此，记录已识别的电子商务项目风险详细信息的风险登记册是电子商务项目成本估算的重要依据。

（5）电子商务项目的制约因素和组织积累的项目相关资源。制约电子商务项目顺利实施的因素，往往会带来电子商务项目更大的成本负担，如电子商务项目缺少必要的 IT 团队资源，则需要从外部获取技术资源或内部培养，这些都会带来一定的成本负担；反之，电子商务组织积累的项目相关的资源越多，成本负担会越小。

5.2.3　电子商务项目成本估算的方法

电子商务项目成本估算的常用工具和方法有：自上而下估算法、自下而上估算法、参数模型估算法。

1. 自上而下估算法

自上而下估算法又称为类比估算法，其过程是由上到下一层层地进行的（由项目的总成本分解到项目各活动单元的成本），它是一种最简单的成本估算方法。根据电子商务项目管理人员的经验和判断，再结合以前相关类似活动的历史数据，管理人员估计电子商务项目整体的成本和子项目的成本，把这个估计的成本给底层的管理人员，底层的管理人员再对任务和子任务的成本进行估计，最后到最底层。自上而下成本估算示意图如图 5-1 所示。

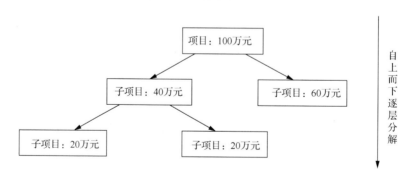

图 5-1　自上而下成本估算示意图

自上而下成本估算的依据主要是历史的同类电子商务项目的成本。一个组织进行的同类电子商务项目越多，那么进行该类电子商务项目的成本估算也就越准确。通过比较需要进行估算的电子商务项目和历史项目在规模、范围和难度等方面的不同，管理层就能估算出电子商务项目成本。

自上而下成本估算的主要优点是管理层会综合考虑电子商务项目中的资源分

配。管理层的经验丰富，他们能比较准确地把握电子商务项目的整体需要，能够把预算控制在有效的范围之内，并且避免有些任务有过多的预算，而另外一些任务则被忽视。

自上而下成本估算的主要缺点是当下层人员认为所估算的成本不足以完成任务时，可能会保持沉默，默默地等待管理层发现估算中的问题再自行纠正，而不是试图和管理层进行有效的沟通，讨论更为合理的估算。这样会使得电子商务项目的执行出现困难，甚至失败。

2. 自下而上估算法

自下而上估算法又称为工料清单估算法，首先估算其各项活动的独立成本，然后将各项活动的估算成本自下而上汇总，从而估算出项目的总成本。采用自下而上估算法估算电子商务项目成本时，由于参加估算的部门和需要估算的活动较多，有必要将各项活动资源的度量单位加以统一。

自下而上估算法的优点在于它是一种参与管理型的估算方法，与那些没有亲身参与工作的上级管理人员相比，基层管理人员往往对资源的成本估算有着更为准确的认识。另外，由于基层管理人员直接参与具体的成本估算工作，还可促使他们更乐于接受电子商务项目成本估算的最终结果，从而提高电子商务项目成本估算工作的效率。

自下而上估算法的最大缺陷在于，该方法存在着一个独特的管理博弈过程。基层管理人员可能会过分夸大自己所负责活动的成本估算，因为他们担心实际成本高于估算成本而受到责罚，同时也期望因实际成本低于估算成本而获得奖励。而高层管理人员则会按照一定的比例削减基层管理人员所做的成本估算，从而使得所有参与者陷入博弈怪圈。

显然，无论采用自上而下估算法还是采用自下而上估算法，管理层和电子商务项目执行人对任务的执行所需要的资源和资金都有自己的估算。一般来说，在实际工作中总是管理层的估算要比电子商务项目执行人更乐观一些。原因有二：第一，管理层往往不了解工作的细节，容易低估工作中可能遇到的实际困难和问题。第二，管理层会一厢情愿地估计任务的成本，以适应市场或者上层管理者的要求；而电子商务项目的实际执行人，为了保险起见，则倾向于多估算项目的成本。

管理层和电子商务项目执行人之间的协商能够把双方的估计成本拉近，双方越坦诚，那么双方的成本估算就越接近。

3. 参数模型估算法

参数模型估算法是一种比较科学的、传统的估算方法。它是把电子商务项目的一些特征作为参数，通过建立一个数学模型来估算电子商务项目成本的方法。在估算电子商务项目成本时，参数模型估算法只考虑对成本影响较大的因素，对成本影响较小的因素则忽略不计，因而采用此法估算的成本精确度不高。

采用参数模型估算法时，如何建立一个合适的模型，对于保证电子商务项目成本估算结果的准确性非常重要。为了保证参数模型估算法的实用性和可靠性，在建立参数模型时，必须注意如下三点。

（1）用来建模所参考的历史数据的精确性。

（2）用来建模的参数是否容易量化。

（3）模型是否具有通用性。

5.3 电子商务项目成本预算

电子商务项目成本预算与电子商务项目成本估算工作既有区别又有联系。电子商务项目成本估算的目的是估计电子商务项目的总成本和误差范围，而电子商务项目成本预算是将电子商务项目的总成本分配到各项活动上。电子商务项目成本估算的结果是电子商务项目成本预算的基础与依据，电子商务项目成本预算则是将已批准的电子商务项目成本估算进行分摊。尽管两者的目标和任务不同，但都以 WBS 为依据，所运用的工具与方法相同，两者均是电子商务项目成本管理中不可或缺的组成部分。

5.3.1 电子商务项目成本预算的概念及依据

1. 电子商务项目成本预算的概念

电子商务项目成本预算是进行电子商务项目成本控制的基础，也是电子商务项目成功的关键因素，其中心任务是将电子商务项目成本估算的结果分配到电子商务项目的各项活动中，估计电子商务项目各项活动的资源需求量。

电子商务项目的成本预算工作内容包括：根据电子商务项目成本估算向电子商务项目各项具体工作与活动分配预算定额和确定项目总预算，制定电子商务项目成本控制标准和规定电子商务项目不可预见费用的划分与使用规则等。

2. 电子商务项目成本预算的依据

（1）电子商务项目成本估算文件。这是电子商务项目成本估算所形成的结果文件。在电子商务项目成本预算工作中，电子商务项目各项工作与活动的预算定额主要是依据这一文件确定的，因为电子商务项目成本估算提供电子商务项目成本预算所需的各项工作与活动的预算定额。

（2）电子商务项目工作结构分解。这是在电子商务项目活动定义和确认中生成的项目 WBS 文件。在电子商务项目成本预算工作中，要依据这一文件，进一步分析和确定电子商务项目各项工作与活动在成本估算中的合理性和电子商务项目预算定额的分配。

（3）电子商务项目进度计划。这是一种有关电子商务项目各项工作起始与终结时间的文件。它规定了电子商务项目范围及必须完成的时间，以便将成本分配到发生成本的各个阶段上。电子商务项目进度计划的目的是控制电子商务项目的时间和节约时间。依据这一文件可以安排电子商务项目的资源与成本预算方面的工作。

5.3.2　电子商务项目成本的组成

电子商务项目成本由人工费用、调查费用、接洽费用、分包与顾问费用和原材料费用等组成。

1. 人工费用

人工费用指电子商务项目所涉及的人员工资，由于电子商务项目突出的不确定性，使得电子商务项目的人员流动率较高，因此，在做成本预算时还要考虑诸如加班费和人员离职后的招聘费用等。

2. 调查费用

电子商务项目中很多子项目的推出，或者某个网络营销方案的产生都需要做大量的调查。在互联网上有不少专业机构专门从事各种数据调查，而这些数据调查中最具商业价值的数据通常需要收费，因此调查费用将是一笔必要的开支。调查的结果在很大程度上将对未来电子商务平台业务的推出起着至关重要的作用。

3. 接洽费用

电子商务项目涉及的投资较大，可能存在较多的干系人（如投资商、政府机构、第三方电子商务平台等渠道商）。因此，各类接洽工作不可避免，事先预算出这类费用能够使电子商务项目有序地进行。

4. 分包与顾问费用

当电子商务项目团队缺少某项专门技术时，可以分包子项目或者聘用具有一定水平的专家充当电子商务项目顾问，以保证电子商务项目按顺序进行。因此，在电子商务项目工作结构分解后，可以通过对项目团队技术能力进行充分考虑来预算这一部分的费用。

5. 原材料费用

原材料费用对于电子商务项目来说可能包括硬件（设备、耗材）和软件组件两大类。大多数电子商务项目包含软件开发的过程，为了保证软件的开发质量和开发效率，必要时购买软件组件以提高工效，已成为一件很自然的事情。通过购买软件组件（必要时购买源码），将给软件开发带来极大的功效。

5.3.3 电子商务项目成本的影响因素

电子商务项目具备知识密集型团队的特点，人力资源的成本是最主要的电子商务项目成本之一。根据 WBS 的分解，确定每一项工作包所需要的人力资源和占有时间，再根据不同类型的人力资源的成本对每个工作包所需要的人力资源成本进行计算，最后把所有工作包的人力资源成本进行汇总，才能得到项目的总人力资源成本。

对于许多传统项目来说，直接成本还包括采购原材料的成本，而且这项成本是项目成本的主要组成部分。如果是网络安装和集成的电子商务软件项目，采购服务器、网络设备和线材都是项目成本的主要组成部分。在进行电子商务项目预算时，除了要考虑传统的项目直接成本，还要考虑其他间接成本和以下对成本有影响的因素。

1. 非直接成本

非直接成本包括租金、保险和其他管理成本。例如，如果电子商务项目中有些任务是电子商务项目组成员在项目期限内无法完成的，那么就可能需要进行项目的外包或者聘请专业的顾问。如果电子商务项目的进行需要专门的工具或设备，而采购这些工具或设备并非明智的方式，那么采用租用的方式就必须付租金。

2. 沉没成本

沉没成本是与当前决策无关的以前已经发生过的成本。例如，一个系统的一次失败的产品花费了 350 000 元，那么这 350 000 元就是同一个系统的下一个电子商务项目的沉没成本。考虑到已经投入了许多的成本，人们往往不再愿意继续投入，但是在电子商务项目选择时，沉没成本应该被忘记，而不应该成为电子商务项目选择的理由。

3. 学习成本

如果在电子商务项目中采用了项目组成员未使用过的技术和方法，那么项目组成员在使用这些技术和方法的初期，需要有一个学习的过程，许多时间和劳动投入到尝试和试验中。这些尝试和试验会增加电子商务项目的成本。

4. 电子商务项目完成的时限

一般来说，电子商务项目需要完成的时限越短，那么电子商务项目完成的成本就越高。压缩项目的交付日期不仅要支付项目组成员的加班成本，而且如果过于压缩进度，项目组可能在设计和测试上就会减少投入，项目的风险会提高。

5. 质量要求

显然，电子商务项目的成本估算要根据产品的质量要求的不同而不同。登月火箭的控制软件和微波炉的控制软件不但完成的功能不同，而且质量要求也大相径庭，其成本估算自然有很大的差异。

6. 应急储备金

应急储备金是为风险和未预料的情况而准备的预留成本。遗憾的是，有时候管理层和客户会把这部分成本进行削减。没有应急储备金，将使得电子商务项目的抗风险能力降低。

5.4　电子商务项目成本控制

电子商务项目具体活动本身的不确定性（可发生或不发生）、活动规模及其所耗资源数量的不确定性、电子商务项目活动所耗资源价格的不确定性（价格可高可低），使得电子商务项目在实施过程中发生的成本也存在不确定性。所以，随着电子商务项目的进展，根据电子商务项目实际发生成本的情况，修正原先的成本估算，并对电子商务项目的最终成本进行重新预测等工作，也都属于电子商务项目成本管理的范畴。

电子商务项目
成本控制

5.4.1　电子商务项目成本控制的概念及内容

所谓电子商务项目成本控制，是在项目实施过程中，实际发生的成本在项目预算范围内所进行的管理工作，要实现对电子商务项目成本的全面控制，最根本的任务是要控制电子商务项目各方面的变动和变更，以及电子商务项目成本的事前控制、事中控制和事后控制。电子商务项目成本控制的基础是电子商务项目成本预算，电子商务项目成本控制就是要保证各项活动在它们各自的预算范围内进行。在电子商务项目中，成本管理不能脱离质量管理和进度管理独立存在，而要在成本、质量、进度三者之间做综合平衡。

电子商务项目项目成本控制的具体工作内容如下。

（1）监视电子商务项目各个任务成本执行的情况，发现电子商务项目成本控制中的偏差，查找产生偏差的原因。

（2）确保所有发生的变化被准确地记录在成本线上，防止不正当或未授权的电子商务项目变更所发生的费用反映在成本线上。

（3）采取各种纠偏措施防止电子商务项目成本超过预算，确保实际发生的电子商务项目成本和电子商务项目变更都能够有据可查，必要时可以根据实际情况对成本线进行适当的调整和修改。

（4）进行成本控制的同时，还必须考虑与其他控制过程（范围控制、进度控制、质量控制等）相协调，避免因为单纯的成本控制而引起电子商务项目范围、进度和质量方面的问题，或者导致不可接受的项目风险。

电子商务项目成本控制的关键是，及时分析电子商务项目成本的实际状况，尽早发现电子商务项目成本出现的偏差和问题，以便能够及时采取纠正措施。因为一旦电子商务项目成本失控，则很难挽回，所以只要发现电子商务项目成本的偏差和问题，就应该积极地着手去解决它。电子商务项目成本控制问题越早发现和处理，对电子商务项目范围和电子商务项目进度的冲击会越小，电子商务项目就越能够达到整体的目标要求。

5.4.2　电子商务项目成本控制的方法

1. 偏差分析技术

偏差分析技术也称为挣值分析（Earned Value Analysis，EVA），是评价电子商务项目成本实际消耗和预算进度情况的一种方法。该方法可以通过测量和计算计划工作预算成本、已完成工作的实际成本和已完成工作的预算成本，得到有关计划实施的进度和成本偏差，从而达到衡量电子商务项目成本执行情况的目的。

偏差分析技术的核心思想是通过引入一个关键性的中间变量，即挣值（已完成工作的预算成本），来帮助电子商务项目管理团队分析电子商务项目成本和进度的实际执行情况与计划的偏差程度，运用偏差分析技术要求计算每个活动的关键值。

首先，要确定偏差分析的 3 个基本参数。

（1）计划工作量的预算成本（Budgeted Cost for Work Scheduled，BCWS）。即根据批准认可的进度计划和预算，到某一时点应当完成的工作所需投入资金的累积值。按我国的习惯通常称为"计划投资额"。

（2）已完成工作量的实际成本（Actual Cost for Work Performed，ACWP）。即到某一时点已完成的工作实际所花费的总金额。按我国习惯通常称为"消耗投资额"。

（3）已完成工作量的预算成本（Budgeted Cost for Work Performed，BCWP）。即指项目实施过程中某阶段实际完成工作量按预算定额计算出来的成本，即挣值（Earned Value，EV）。挣值反映了满足质量标准的项目实际进度和工作绩效。

偏差分析技术主要通过上述 3 个成本量之间的差值或比值，计算成本偏差、进度偏差、工期绩效指数和成本绩效指数来实现其评价目的。

（1）成本偏差（CV）：

$$CV=BCWP-ACWP \tag{5-1}$$

（2）进度偏差（SV）：

$$SV=BCWP-BCWS \tag{5-2}$$

（3）工期绩效指数（SPI）：

$$SPI=BCWP/BCWS \tag{5-3}$$

（4）成本绩效指数（CPI）：

$$CPI=BCWP/ACWP \tag{5-4}$$

偏差分析技术不仅可以用来衡量电子商务项目的成本执行情况，而且可以用来衡量电子商务项目的进度。在电子商务项目实施过程中，企业可根据电子商务项目进度在电子商务项目成本曲线 BCWS 图中画出 BCWP 曲线和 ACWP 曲线，在每个检查日均可比较这 3 个参数值，进而求出评价指标。偏差分析技术的评价图如图 5-2 所示。

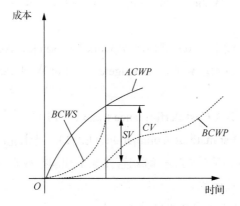

图 5-2　偏差分析技术的评价图

表 5-1 所示为挣值分析的参考尺度。该表将各种情况下的偏差值和绩效指数表明的项目进度和成本状况进行了整理。

表 5-1　挣值分析的参考尺度

偏差分析	偏差为正值	偏差为负值
成本偏差（CV）	比预算成本节约了	比预算成本超支了
进度偏差（SV）	工期提前	工期滞后
绩效分析	绩效指数>1	绩效指数<1
工期绩效指数（SPI）	工期提前	工期滞后
成本绩效指数（CPI）	比计划成本节约了	比计划成本超支了

如果成本偏差值是正值，说明实际成本相对预算成本节约了；如果成本偏差值是负值，说明实际成本相对预算成本超支了。

如果进度偏差值是正值，说明实际进度相对于计划进度提前了；如果进度偏差值是负值，说明实际进度相对于计划进度拖延了。

如果工期绩效指数大于1，说明劳动生产效率高于进度计划，工期提前；如果工期绩效指数小于1，说明劳动生产效率低于进度计划，工期滞后了。

如果成本绩效指数大于1，说明资金效益高于预算计划，资金有盈余；如果成本绩效指数小于1，说明资金效益低于预算计划，资金有浪费。

2．预测技术

预测技术是根据已知的电子商务项目执行和绩效过程中获得的工作绩效信息，对项目未来状况的产生、更新和重新发布进行估算和预测的一种方法。

预测技术所涉及的参数主要有以下5个。

（1）完成时预算（Budgeted at Completion，BAC），即完成某个项目的全部预算额之和。

（2）实际已发生成本（Actual Cost of Work Performed，ACWP）。

（3）已完成工作量的预算成本（Budgeted Cost of Work Performed，BCWP），即挣值。

（4）成本绩效指数（Cost Performance Index，CPI）。

（5）完工估算（Estimate at Completion，EAC），是指完成某项工程或者某个工作包的预计总成本，是截至某一时刻直接成本和间接成本的总和再加上所有确认的剩余工作量的估算成本。

因此，预测 EAC 的通用公式可以表示为：

$$EAC=ACWP+剩余工作量的估算成本 \tag{5-5}$$

3．关键比值法

关键比值法是指通过计算一组指标比值的乘积（关键比值），并以此进行项目状态控制的一种分析方法。

下面选取成本比值和进度比值作为电子商务项目控制的指标比值来说明关键比值技术的应用。

我们可以把"预算成本/实际成本"称为成本比值，把"实际进度/计划进度"称为进度比值，这里的关键比值就是成本比值与进度比值两者的乘积。

在此需要注意的是：关键比值计算中的指标比值可以根据电子商务项目执行工作过程中所需控制的指标设定。指标比值中分子与分母的排列应按"越大越好"的原则。如成本比值中的"预算成本/实际成本"，就是按"越大越好"（预算成本应大于实际成本）的原则进行排列的。

关键比值的计算公式为：

关键比值=（预算成本/实际成本）×（实际进度/计划进度）   （5-6）

在电子商务项目的实施过程中，无论是成本比值还是进度比值，大于 1 都表示它们的实际状况好于计划指标，小于 1 则表示它们的实际状况没有达到计划指标的要求，据此我们很容易判断出电子商务项目实施状态的好坏。

5.4.3 电子商务项目成本控制的结果

开展电子商务项目成本控制的直接结果会带来电子商务项目成本的节约和电子商务项目经济效益的提高。开展电子商务项目成本控制的间接结果是生成一系列电子商务项目成本控制文件。这些电子商务项目成本控制文件主要有以下 4 个。

1．电子商务项目成本估算的更新文件

这是对电子商务项目原有成本估算的修订和更新的结果文件。更新成本估算是为了管理电子商务项目的需要而修改成本信息，成本计划的更新可以不必调整整个电子商务项目计划的其他方向。更新后的电子商务项目计划活动成本估算是指对用于电子商务项目管理的费用资料所做的修改。如果需要，成本估算更新应通知电子商务项目的干系人。这一文件中的信息一方面可以用于下一步的电子商务项目成本控制，另一方面可以作为电子商务项目历史数据和信息使用。

2．电子商务项目预算的更新文件

在某些情况下，成本偏差可能极其严重，以至于需要修改成本基准，才能对绩效提供一个现实的衡量基础，此时，预算更新是非常必要的。电子商务项目预算的更新文件是对电子商务项目原有成本预算的修订和更新的结果文件，是电子

商务项目后续阶段成本控制的主要依据。这一文件同样可用于电子商务项目成本控制和作为历史数据与信息使用。

3. 电子商务项目活动的改进行动文件

改进行动是为了使电子商务项目的预期绩效与电子商务项目管理计划相一致所采取的所有行动，是指任何使电子商务项目实现原有计划目标的努力。它包括两个方面的信息：一是电子商务项目活动方法与程序的改进方面的信息，二是电子商务项目活动方法改进所带来的电子商务项目成本降低方面的信息。改进行动文件经常涉及调整计划活动的成本预算，如采取特殊的行动来平衡成本偏差。

4. 电子商务项目成果和经验教训文件

这是有关电子商务项目成本控制中的失误或错误以及各种经验与教训的汇总文件，应该以数据库的形式保存下来，供以后参考。这种汇总文件的目的是积累经验和总结教训，以便改善下一步的电子商务项目成本控制工作。项目经理应及时组织电子商务项目成本控制的评估会议，并就电子商务项目成本控制工作做出相应的书面报告。

 案例分析

"新农会"农村电子商务项目

湖北经济学院电商创业实验室（原名：淘宝创业实验室）拟成立湖北新农会电子商务有限公司，目标是"促进农业产业化、打造地域名牌、拉动地区经济增长"。为开展新农会项目，夯实项目基础，团队自 2009 年至 2018 年，走访了湖北省内的荆州、恩施、五峰、保康、监利、竹山、来凤等多个地、州、市，调研了地方企业农产品资源现状和农村电商的发展现状，与湖北农时生态农业股份、湖北盛稀源农业科技等多家农业企业开展合作，并依托校方平台与之开展电子商务代运营和电子商务服务，积累了大量的农产品资源和农业企业资源。

新农会项目开展网上销售项目，在此，他们以一年为时间段，对成本进行预估。在营销推广方面分为线上和线下推广方式，线上除了微信运营，还使用其余的营销手段。运营微信花费 1 万元，其微信维护成本为 7 200 元，其余线上推广花费 3 000 元，线下推广成本为 2 000 元。员工大约 15 人，每人每年平均工资为 15 760 元。新农会项目的管理成本为 3 200 元，场地租金为 700 元/月，设备预算为 1 100 元。

思考：表 5-2 所示为项目成本统计表，请根据以上信息完成该表，并计算其成本预算。

表 5-2　项目成本统计表

成本		预算分摊（元）	累计分摊（元）
营销推广成本	线上推广成本		
	线下推广成本		
微信运营成本			
微信运营维护成本			
员工成本			
管理成本		3 200	
场地成本		8 400	
设备成本		1 100	

 思考与练习

一、不定项选择题

1. 电子商务项目成本管理的具体内容主要包含（　　　）。

　A．电子商务项目资源计划编制　　　　B．电子商务项目成本估算

　C．电子商务项目成本预算　　　　　　D．电子商务项目成本控制

2. 电子商务项目成本估算的依据有（　　　）。

　A．范围基准　　　　　　　　　　　　B．电子商务项目进度计划

　C．电子商务项目人力资源计划　　　　D．风险登记册

　E．电子商务项目的制约因素　　　　　F．组织积累的相关资源

3. 下列成本中属于电子商务项目的直接成本的是（　　　）。

　A．租金、保险　　　　　　　　　　　B．原材料

　C．人力资源成本　　　　　　　　　　D．其他管理成本

4. 成本失控的主要原因有（　　　）。

　A．缺乏计划　　　　　　　　　　　　B．目标不明

　C．范围蔓延　　　　　　　　　　　　D．缺乏领导力

5. 电子商务项目成本控制的结果有（　　　）。

　A．电子商务项目成本估算的更新文件

　B．电子商务项目可交付成果清单

C．电子商务项目预算的更新文件

D．电子商务项目活动的改进行动文件

E．电子商务项目成果和经验教训文件

二、名词解释

1．电子商务项目成本管理

2．电子商务项目成本控制

3．电子商务项目成本估算

4．偏差分析技术

5．电子商务项目资源计划

三、简答题

1．简述电子商务项目成本估算的步骤。

2．简述电子商务项目不确定成本的成因。

3．阐述自上而下估算法和自下而上估算法的优缺点。

四、计算题

一个电子商务系统开发软件项目，总共需要 20 000 个工时，每个工时的预算成本是 50 元，计划每天完成 400 个工时，50 天内全部完成。开发部门经理在开工后第 4 天晚上去做成本测量时取得了两个数据：已经完成了 1 500 个工时，实际成本为 90 000 元。求 $BCWP$、$ACWP$、$BCWS$、CV 和 SV。

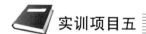 实训项目五

请根据素材文件（配套资源/第 5 章/实训项目五）内容，列出成本表，做出该项目的总成本预算。

第6章 电子商务项目质量管理

学习目标

- 了解电子商务项目质量管理的主要内容。
- 掌握电子商务项目质量计划的方法。
- 掌握电子商务项目质量控制工作的方法。
- 掌握电子商务项目质量控制的措施和电子商务项目质量计划的编写。
- 理解电子商务项目质量管理工作中的自律意识、法律意识和社会责任的重要性。

知识要点

- 电子商务项目质量管理的主流观点与组织。
- 电子商务项目质量计划的工具和方法。
- 电子商务项目质量控制模型。
- 电子商务项目质量控制工作的方法。

导入案例

A公司的质量管理体系

A公司是国内一家大型系统集成企业，已建立基于SJ/T11234、SJ/T11235的涵盖公司所有部门和人员的质量管理体系。

在A公司建立质量管理体系之初，质量部门要求各业务部门都参加体系建设，编写程序文件和作业指导，但这些部门都说忙，难以抽出人力。质量部门便借鉴了其他公司的体系文件，对其简单修改后形成了A公司的质量管理体系文件。

质量管理体系运行一年后，A公司承担了一个大型软件集成项目。A公司领导对此项目非常重视，任命高级项目经理陈工管理此项目，并强调一定要保质保量地完成任务。同时，A 公司要求销售部门、采购部门、质量部门各抽派一个人参与该项目，配合项目组开展工作。根据 A 公司的质量管理体系要求，该项目的每个里程碑节点都要召开评审会，主要开发文档（包括需求规格说明书、总体设计和详细设计等）都需要通过评审。

事实上，在以往的项目中，这些评审会都是项目组内部讨论，讨论出结果后让相关部门负责人签字，质量部门只要看到有签字的评审记录就不干预项目的实施。由于该项目关系重大，各部门都怕出了问题而承担责任，因此所有部门都参加了该项目的评审会。几个评审会开完，项目组成员开始抱怨，说以前的项目评审都是我们自己讨论，其他部门根本没人仔细看，可是现在这个项目，各个部门都有人参与，评审会上每个人都提意见，并且意见经常不一致，没有人负责最后拍板；对于有些技术文件的评审，评审人员明明不懂还提出很多问题，需要费很大力气给他们解释。在以往的项目中，虽然 A 公司的程序文件中规定评审没通过就不能进入下一个环节，但如果进度要求紧张的话，一般也不管什么流程了，抢进度要紧。但是在该项目中，设计方案经过几次讨论都没有结果。项目经理陈工为了保证进度，向采购部门提出提前采购设备，采购部门以设计方案没定稿为理由拒绝处理。无奈陈工找了好几次A 公司的领导，最终 A 公司的领导拍板可以提前采购。

该项目就这样在不断的争执过程中进行，每次争执不下时陈工就去找 A 公司的领导。如此多次争执后，陈工发现质量管理体系文件中规定了太多评审纯粹浪费时间。按照计划，现在项目应该进行到测试阶段，但实际上项目的详细设计还未通过评审。

思考：

你觉得案例中提到的评审会有必要吗？为什么？

6.1 电子商务项目质量管理

6.1.1 电子商务项目质量管理概述

1. 电子商务项目质量的定义

许多组织和质量大师都对质量有定义，其中，国际标准化组织（ISO）对质量下的定义是：质量是反映实体能满足明确和隐含需求的能力之和。朱兰给出的定义最通俗：质量是产品的适用性，即在使用时能够满足客户需要的程度。

项目质量是指项目可交付成果能够满足客户需求的程度。电子商务项目质量管理是为了保证电子商务项目质量的可交付成果能够满足客户的需求，围绕电子商务项目的质量而进行的计划、协调和控制等活动。电子商务项目质量管理包括3个主要工作过程：质量规划、实施质量保证和实施质量控制。

电子商务项目质量表现在两个方面：电子商务项目过程质量和电子商务项目成果质量。如果未能满足两个方面中的任何一个，均会对电子商务项目产品及部分或全部电子商务项目干系人造成消极后果。

2. 电子商务项目质量管理的特点

电子商务项目质量管理与一般产品的质量管理相比，其特点主要体现在以下3个方面。

（1）复杂性。电子商务项目的影响因素多、经历的环节多、涉及的主体多、质量风险多，使得电子商务项目的质量管理具有复杂性。

（2）动态性。电子商务项目动态性的特点使得电子商务项目质量管理的侧重点和方法要随着阶段的不同而做出相应调整。即使在同一阶段，由于时间不同，影响电子商务项目质量的因素也可能有所不同，同样需要进行有针对性的质量管理。

（3）系统性。电子商务项目的质量受到工期、成本和资源等因素和目标的制约，同时它也制约着其他的因素和目标。因此，电子商务项目质量管理是系统管理。

3. 电子商务项目质量管理的指导思想

对于电子商务项目来说，由于其复杂性、动态性和系统性的特点，特别需要对电子商务项目的建设过程进行管理，用全面质量管理思想来指导。

在制造业和服务业中，人们通过全面质量管理（Total Quality Management，TQM）来实现产品的质量。国际标准化组织认为，全面质量管理是一个组织以质量为中心，以全员参与为基础，目的在于通过让客户满意和本组织所有成员及社会受益而达到长期成功的一种质量管理模式。

全面质量管理的指导思想分为两个层次：一是整个组织要以质量为核心；二是组织的每个员工要积极参与全面质量管理。全面质量管理的根本目的是使全社会受益和使组织长期成功。确切地说，全面质量管理的核心思想是质量管理的全员性（全员参与质量管理）、全过程性（管理好质量形成的全过程）和全要素性（管理好质量所涉及的各个要素）。

电子商务项目的质量管理不仅仅是电子商务项目建设完成后的最终评价，更是在电子商务项目建设过程中的全面质量管理。也就是说，它不仅包括系统实现时的质量管理，也包括系统分析和系统设计时的质量管理；它不仅包括对系统实现时软件的质量管理，而且还包括对文档、系统建设人员和客户培训的质量管理。显然，在电子商务项目质量管理中同样要贯彻全面质量管理的思想。

6.1.2　电子商务项目质量管理的主流观点与组织

对于一个电子商务项目团队来说，其应熟悉一些主流的质量管理思想和组织体系。这些主流质量管理的思想和方法在电子商务项目的质量管理中依然是适用的。

1．ISO 9000:2000 版八项质量管理原则

ISO 9000:2000 版八项质量管理原则是 ISO/TC 176 总结了质量管理实践经验，并吸纳了国际上最受尊敬的一批质量管理专家的意见，用高度概括、易于理解的语言所表达的质量管理最基本、最通用的一般性规律，成为质量管理的理论基础。它是组织的领导者有效实施质量管理工作必须遵循的原则。

（1）以客户为关注焦点。组织依赖于客户，因此组织应该理解客户当前的和未来的需求，从而满足客户要求并超越其期望值。

（2）领导作用。领导者将本组织的宗旨、方向和内部环境统一起来，并创造使员工能够充分参与实现组织目标的环境。质量问题 80% 与管理相关，20% 与员工相关。

（3）全员参与。各级员工是组织的生存和发展之本，只有他们充分参与，才能给组织带来最佳效益。

（4）过程方法。将相关资源和活动作为过程进行管理，可以更高效地取得预期成果。

（5）管理的系统方法。针对设定的目标，识别、理解并管理一个由相互关联的过程所组成的体系，有助于提高组织的有效性和效率。

（6）持续改进。它是组织的一个永恒发展的目标。

（7）基于事实的决策方法。针对数据和信息的逻辑分析或判断是有效决策的基础。

（8）互利的供方关系。通过互利的关系，增强组织及其供方创造价值的能力，如麦当劳的管理方式。

2．6σ 质量管理方法

6σ（六西格玛，Six Sigma）是在 20 世纪 90 年代中期开始被美国通用电气公司（General Electric Company）GE 从一种全面质量管理方法演变成为一个高度有效的企业流程设计、改善和优化的技术，并提供了一系列同等地适用于设计、生产和服务的新产品开发工具。继而与 GE 的全球化、服务化、电子商务等战略齐头并进，成为全世界追求管理卓越性的企业最为重要的战略举措。6σ 逐步发展成为以客户为主体来确定企业战略目标和产品开发设计的标尺，追求持续进步的一种管理哲学。

6σ 管理方法是一种统计评估法，核心是追求零缺陷生产，防范产品责任风险，降低成本，提高生产率和市场占有率，提高客户满意度和忠诚度。6σ 管理方法既着眼于产品、服务质量，又关注过程的改进。"σ" 在统计学上用来表示标准偏差值，用以描述总体中的个体离均值的偏离程度，测量出的 σ 表征着诸如单位缺陷、百万缺陷或错误的概率性，σ 值越大，缺陷或错误就越少。

6σ=3.4 次失误/百万机会——意味着卓越的管理，强大的竞争力和忠诚的客户。

5σ=230 次失误/百万机会——意味着优秀的管理，很强的竞争力和比较忠诚的客户。

4σ=6 210 次失误/百万机会——意味着较好的管理和运营能力，满意的客户。

3σ=66 800 次失误/百万机会——意味着平平常常的管理，缺乏竞争力。

2σ=308 000 次失误/百万机会——意味着企业资源每天都有 1/3 的浪费。

1σ=690 000 次失误/百万机会——意味着每天有 2/3 的事情做错，企业无法生存。

6σ 是一个目标，这个质量水平意味的是所有的过程和结果中，99.999 66% 是无缺陷的，也就是说，做 100 万件事情，其中只有三四件事情是有缺陷的，这几乎趋近人类能够达到的最为完美的境界。6σ 管理关注过程，特别是企业为市场和客户提供价值的核心过程。因为过程能力用 σ 来度量后，σ 越大，过程的波动越小，过程以最低的成本损失、最短的时间周期满足客户要求的能力就越强。6σ 理论认为，大多数企业在 3σ~4σ 运转，也就是说，每百万次操作失误数为 6 210~66 800，这些缺陷要求经营者以销售额在 15%~30% 的资金进行事后的弥补或修正，而如果做到 6σ，事后弥补的资金将降低到销售额的约 5%。

为了达到 6σ，首先要制定标准，在管理中随时跟踪考核操作与标准的偏差，不断改进，最终达到 6σ。现已形成一套使每个环节不断改进的简单的流程模式：界定—测量—分析—改进—控制。

（1）界定：确定需要改进的目标及其进度，企业领导层就是确定企业的策略目标，中层营运目标可能是提高制造部门的生产量，项目层的目标可能是减少次品和提高效率。界定前，需要辨析并绘制出流程。

（2）测量：以灵活有效的衡量标准测量和权衡现存的系统与数据，了解现有的质量水平。

（3）分析：利用统计学工具对整个系统进行分析，找到影响质量的少数几个关键因素。

（4）改进：运用项目管理和其他管理工具，针对关键因素确立最佳改进方案。

（5）控制：监控新的系统流程，采取措施以维持改进的结果，以期整个流程充分发挥功效。

3.《朱兰质量手册》

《朱兰质量手册》（*Juran's Quality Handbook*）堪称质量管理领域中理论和实践的集大成之作。本书由质量管理的开山人物朱兰主编，以朱兰为代表的一批质量管理领域的世界级顶尖专家参与撰写。

朱兰把当今企业经营的动态环境的特征概括为"6 个 C"，即 Change（变革）、Complexity（复杂性）、Customer Demands（客户需求）、Competitive Pressure（竞争压力）、Cost Impacts（成本冲击）和 Constraints（约束因素）。这些因素显著地影响着组织实现其经营目标的能力。传统上，组织是以推出新的产品或服务来应对这些因素的。它们很少会对产出这些产品或服务的过程加以改变。经验表明，经营目标的实现在很大程度上取决于那些大而复杂的跨职能业务，如产品计划、产品开发、开具发货清单、患者护理、原料采购和零件分销等。如果长期得不到管理，许多业务过程都会变得观念过时、负担过载、方法累赘、成本过高、定义不当，从而不能适应持续变化的环境的要求。对于那些未能得到适当关注的业务过程而言，其产出的质量会远远低于有竞争力的绩效水准所要求的质量。

朱兰认为，业务过程是为产出预期成果（产品或服务）而将人员、材料、能源、设备和信息结合成为工作活动的逻辑构成。衡量过程的质量有 3 个主要的标准，即效果、效率和适应性。若产出能够满足客户的需要，则该过程便是有效果的；若产生能以最小成本实现其效果，则该过程便是有效率的；若随着时间的流逝，该过程面对所发生的诸多变化仍能保持效果和效率，则称其具有适应性。要满足客户的需要并确保组织的健康，管理者就必须树立过程意识。

显然，将过程保持在高质量状态的必要性是毋庸置疑的。但在现实中，好的过程质量只是例外而非常规。朱兰指出，要理解这一点，就必须仔细考察过程是如何设计的，以及随着时间的流逝过程会发生什么样的变化。

首先是过程的设计。受历史因素的影响，西方的企业组织模式已经演变成为由职能专业化的部门所构成的一种等级制结构。管理者的方向、目标和考核由上至下部署在这一纵向的等级制构造中。然而，产出产品，尤其是客户所购买产品（组织因此而存在）的那些过程却是横跨组织的职能部门水平地流动着的。传统上，过程的每一块职能均由一个部门来负责，该部门的主管对这块绩效承担责任。可是，没有谁对整个过程负责。很多问题都源自部门要求与整个过程的要求之间的冲突。在与职能目标、职能资源和职能成长的竞争中，跨职能过程备受冷落。结果，这些过程在运作中常常是既无效果也无效率的，注定不具有适应性。

过程绩效不良的又一原因是所有过程在演化过程中均会遭受到的自然劣化。例如，在一家铁路公司中，从该公司电话簿中可以看出，"维修职员"头衔要多于"职员"头衔。"维修职员"的设立，本是为了防止某些曾发生过的严重问题的复发，但随着时间的流逝，头衔上的失衡成了一个外在的证据，表明这些过程将维修固化成了组织的常规。

技术发展的加速，加上客户期望的攀升，造成了在成本和质量方面的全球性竞争压力。这些竞争压力刺激了对跨职能过程的探索，人们在思考如何来明确和理解这些过程并改进其绩效。现有大量证据表明，在整个产品生产周期中，过程管理技术是导致过程绩效不良的一个主要问题。职能目标常常与必须由跨职能过程来满足的客户需要相冲突。这些过程还会产生出各种各样的浪费（不准时、产出废品等）。很容易看到，许多产品，如发货清单的制作、保险单的填报或收款单的支付等，本来只需要 20 分钟就可以完成，但实际上却要花费 20 多天的时间。更严重的是，它们很难得到及时的改变，以对持续变动的环境做出反应。因此，朱兰最后强调，为了更好地满足客户的需要，就必须使这些过程恢复其效果、效率和适应性。

4. 戴明 PDCA 循环

戴明是世界著名的质量管理专家，质量管理的先驱者，他对世界质量管理发展做出的卓越贡献享誉全球，以戴明命名的"戴明品质奖"至今仍是日本品质管理的最高荣誉。戴明学说简洁易明，其主要观点"十四要点"成为 21 世纪全面质量管理的重要理论基础，对国际质量管理理论和方法始终产生着异常重要的影响。

戴明最早将沃特引入的"计划—执行—检查"发展为 PDCA 循环，所以 PDCA 循环又称为"戴明环"。PDCA 循环是能使任何一项活动有效进行的一种符合逻辑的工作程序，在软件项目质量管理中得到了广泛的应用。P、D、C、A 这 4 个字母所代表的意义如下。

- P（Plan）计划——包括方针和目标的确定，以及活动计划的制订。
- D（Do）执行——执行就是具体运作，实现计划中的内容。
- C（Check）检查——就是要总结执行计划的结果，分清哪些对了，哪些错了，明确效果，找出问题。
- A（Action）行动（或处理）——对总结检查的结果进行处理，对于成功的经验加以肯定，并予以标准化，或制定作业指导书，便于以后工作时遵循。对于失败的教训也要总结，以免重现。对于没有解决的问题，应提给下一个 PDCA 循环中去解决。

PDCA 循环有以下 4 个明显特点：周而复始、大环带小环、阶梯式上升。

戴明学说反映了全面质量管理的全面性，说明了质量管理与改善并不是个别部门的事，而是需要由最高管理层领导和推动才可奏效的。戴明学说的核心可以概括为以下 8 个方面。

（1）高层管理者的决心及参与。

（2）群策群力的团队精神。

（3）通过教育来增强质量意识。

（4）软件项目质量改良的技术训练。

（5）制定衡量软件项目质量的尺度标准。

（6）对软件项目质量成本的分析及认识。

（7）不断改进活动。

（8）各级员工的参与。

5. 美国质量学会

美国质量学会（American Society for Quality，ASQ）是由美国民间基金赞助成立的非营利性科技社团组织。ASQ 成立于 1946 年 2 月 17 日，由第二次世界大战期间致力于开展数理统计方法及质量控制技术培训和普及推广的 17 个地方质量管理协会合并而成。

6. 欧洲质量组织

欧洲质量组织（European Organization for Quality，EOQ）是由欧洲 31 个国家的质量组织在瑞士依法注册的一个"自治、非营利性的专业质量组织"。其活动宗旨是通过传播欧洲的质量理念，提高欧洲工商业界的综合竞争力，为推动质量管理技术在各成员国企业的普及与应用做贡献，最终目标是实现欧洲人民和欧洲社会整体的发展与进步。

7. 日本科学技术联盟

日本科学技术联盟（Japanese Union of Scientists and Engineers，JUSE）隶属于日本科学技术厅指导的科技社团组织。

JUSE积极倡导质量振兴、卓越经营的思维理念，集结和组织了一大批专家、学者和企业家，致力于数理统计技术、QC工具方法的教育培训及研究应用。

6.1.3 电子商务项目质量管理过程

根据《PMBOK®指南》（第6版）定义的项目质量管理过程，可将电子商务项目质量管理划分为以下3个过程。

（1）规划质量管理。其是指识别电子商务项目及其可交付成果的质量要求和/或标准，并书面描述电子商务项目将如何证明符合质量要求和/或标准的过程。

（2）管理质量。其是把组织的质量政策用于电子商务项目，并将质量管理计划转化为可执行的质量活动的过程。

（3）控制质量。其是指为了评估绩效，确保项目输出完整、正确，并满足客户期望，而监督和记录质量管理活动执行结果的过程。

6.2 电子商务项目质量计划

6.2.1 电子商务项目质量计划的内容和主要工作

电子商务项目质量计划是指确定电子商务项目应该达到的质量标准和如何达到这些质量标准的工作计划和安排。

1. 电子商务项目质量计划的内容

电子商务项目质量计划主要从项目范围、项目交付结果、交付接受的标准、质量保证计划、质量监督及控制措施、质量责任等方面进行计划，必要时还可以通过流程图来描述各质量环节。

电子商务项目质量计划的编制是为了对电子商务项目质量进行更好的管理而进行的，具体内容如下。

（1）概述。提供项目名称、客户名称、项目经理与项目发起人姓名等与项目相关的一般信息。

（2）项目范围。按照项目范围说明书的要求描述项目的工作范围、主要交付结果、项目总体目标、客户需求以及应遵循的程序等方面的信息。

（3）项目交付的结果。描述项目的主要交付结果，包括合同规定的交付结果以及重大里程碑事件。

（4）交付结果的接受标准。描述交付结果的接受标准或者产品测试的验收标准，详细地列出客户提出的相关质量标准。

（5）质量保证计划。确定项目质量保证活动，包括项目质量责任人、工作程序、作业指导书、里程碑检查清单、测试标准和流程、质量事故报告及沟通渠道、持续改进措施等。

（6）质量监督及控制措施。提供有关质量监督与质量控制的措施。

（7）质量责任。确定与项目质量相关的责任人，包括产品测试、过程评审、质量检查等。

2. 电子商务项目质量计划的主要工作

电子商务项目质量计划的主要工作如表 6-1 所示。

表 6-1　电子商务项目质量计划的主要工作

依据	工具和方法	结果
范围基准 项目干系人登记表 成本基准 进度基准 风险登记册 项目的制约因素 组织积累的相关资源	成本收益分析 质量成本 控制图 质量标杆法 实验设计 统计抽样 流程图 质量管理专门方法 其他质量规划工具	质量管理计划 质量测量指标 质量核对表 过程改进计划 更新的项目文档

6.2.2　电子商务项目质量计划的工具和方法

1. 质量成本分析

项目质量成本（Cost of Quality）是指实施项目质量管理活动所需支出的有关费用，如一切防止质量缺陷的支出、评估及确保产品达到质量标准要求的支出，以及出现质量问题后善后工作的各项支出等。

项目质量成本一般包括以下内容。

（1）预防费用。它是为减少质量损失和检验费用而发生的各种费用，如质量管理活动费和行政费、质量改进措施费、质量教育培训费、新产品评审费、质量情报费及工序控制费。

（2）鉴定费用。它是按照质量标准对产品质量进行测试、评定和检验所发生的各项费用，如部门行政费、材料工序成品检验费、检测设备维修费和折旧费等。

（3）内部故障费用。它是交货前因产品未能满足质量要求而造成的损失，如返修费用、停工损失和复检费等。

（4）外部故障费用。它是在产品出售后由于质量问题而造成的各种损失，如产品的维护、担保、退货、责任赔偿和违约损失等。

上述概念也可用公式表示如下：

质量成本=预防费用+鉴定费用+内部故障费用+外部故障费用

通常情况下，预防费用、鉴定费用、内部故障费用和外部故障费用之间是此消彼长的关系，质量成本分析的目的在于寻求一种平衡，使得这 4 种费用相加的总和最小，也就是质量成本最小。

项目的质量管理需要实施两个方面的工作：一是质量保证工作，二是质量检验和质量纠正工作。这两个方面的工作涉及两类费用，即质量保证费用（由预防费用和鉴定费用组成）和质量纠正费用（由内部故障费用和外部故障费用组成）。这两类费用呈反方向变动：质量保证费用越高，质量纠正费用就越低；质量保证费用越低，质量纠正费用也就越高。

2. 质量标杆分析

质量标杆分析是以其他项目的质量计划和质量管理的结果为基准，从而制订出本项目质量计划的一种方法。

其他项目可以是项目团队以前完成的类似的项目，也可以是其他项目组织已经完成或正在进行的项目。

在使用这一方法时，要特别注意基准项目实际发生的质量问题，在制订本项目质量计划时，要采取一些防范措施和应急计划，以避免类似问题再次发生。

3. 质量功能展开

质量功能展开（Quality Function Deployment，QFD）是把客户对产品的需求进行多层次的演绎分析，转化为产品的设计要求、零部件特性、工艺要求和生产要求的质量工程工具，用来指导产品的全面设计和质量保证。其基本原理就是用"质量屋"图示化的形式来分析客户的需求与产品性能参数的关系。图 6-1 所示是质量屋的典型形式。

"客户需求"是指客户意见或客户的期望，往往涉及客户希望得到的产品或服务具体是什么。

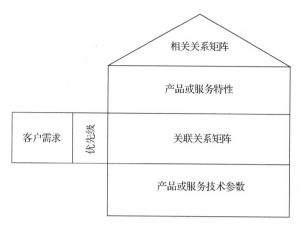

图 6-1　质量屋的典型形式

"优先级"是客户对各项要求的重视程度，通常由客户来定义，但是客户的优先考虑一般也是项目的优先考虑。

"相关关系矩阵"是指产品或服务的多种特性之间的相互关系，根据它们之间的相互影响关系，通常用正相关或负相关来表示。

"产品或服务特性"是指为了满足客户需求，在产品设计或服务提供等方面必须具备的特性，这些特性是由项目组织来确定的。

"关联关系矩阵"是指客户需求和产品或服务特性之间的关联关系，通常用强、中等、弱 3 种定性关系来确定。

"产品或服务技术参数"是指产品或服务的质量性能参数，用可以测量的客观标准来衡量。依照这些技术参数来设计产品和提供服务，才能准确无误地满足客户的需求。

4. 软件能力成熟度模型

软件能力成熟度模型（Capability Maturity Model，CMM）是一种用于评价软件承包能力并帮助其改善软件质量的方法，侧重于软件开发过程的管理及工程能力的提高与评估。CMM 明确地定义了 5 个不同的成熟度等级，即初始级、可重复级、已定义级、已管理级和优化级。

5. 力场分析

力场分析可以帮助项目组织分析那些赞成和反对意见的来源，评估这些意见对项目质量规划影响力的大小，以便有针对性地制订相应的措施来增加和扩大赞成意见的积极作用，排除和削弱反对意见的消极影响，或者将反对意见转化成中立甚至赞成意见，从而使项目组织成员达成共识，以确保项目的顺利进行。

某企业物流自营决策的影响因素力场分析图如图 6-2 所示。

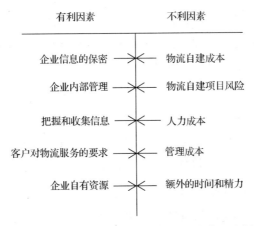

有利因素	不利因素
企业信息的保密 ——→	物流自建成本
企业内部管理 ——→	物流自建项目风险
把握和收集信息 ——→	人力成本
客户对物流服务的要求 ——→	管理成本
企业自有资源 ——→	额外的时间和精力

图 6-2 某企业物流自营决策的影响因素力场分析图

运用力场分析法非常直观地从问题的各个方面进行考虑，进行决策时可以将有利因素和不利因素量化，然后再做出相应的决策。这种方法在决策时，可以利用专家的经验，非常快捷地得出决策的结论，操作起来简单易行。

6.2.3 电子商务项目质量计划的结果

1. 质量管理计划

质量管理计划是对特定的项目，规定由谁及何时应使用哪些程序和相关资源的文件。它是针对具体项目的要求并按重点控制环节所编制的对各质量环节的质量控制方案。质量管理计划提供了对整个项目进行质量控制、质量保证及质量改进的基础。

质量管理计划应明确指出所开展的质量活动，并直接或间接地（通过相应程序或其他文件）指出如何实施所要求的活动。其内容包括以下 8 个方面。

（1）需要达到的质量目标（质量基准），包括项目总质量目标和具体目标。

（2）质量管理流程，可以用流程图等形式展示过程的各项活动。

（3）在项目的各个不同阶段，职责、权限和资源的具体分配。

（4）项目实施中需要采用的具体的书面程序和指导书。

（5）有关阶段适用的试验、检查、检验和评审大纲。

（6）达到质量目标的测量方法。

（7）随着项目的进展而修改和完善质量计划的程序。

（8）为了达到项目质量目标必须采取的其他措施。

2. 质量测量指标

质量测量指标是指一项工作定义，具体描述一件东西是什么以及如何通过质量控制过程对其进行度量。项目管理团队还必须交代清楚各项活动是要求按时开始，还是只要求按时完成；项目管理团队还必须交代清楚是要求测量每个单项活动，还是只要求测量某些可交付成果。

3. 质量核对表

质量核对表是一种结构性工具。它用来核实项目质量计划的执行和控制是否得到实施。该表以 WBS 为基础，由详细的条目组成，常采用询问式或命令式短语。许多组织都有标准的质量核对表，以保证经常性任务格式一致。

4. 过程质量改进计划

过程质量改进计划是项目管理计划的从属内容。它将详细说明过程分析的具体步骤，以便确定浪费和非增值活动，进而提高客户价值。

5. 更新的项目文档

项目文档是与实施项目有关的各种存档文件。进行项目质量规划时需要更新的项目文件包括项目干系人登记表、风险登记表及其他相关质量管理文件等。

6.3 电子商务项目质量保证

质量保证是质量体系中实施的全部有计划的、有系统的活动，提供满足项目相关标准的措施，贯穿整个项目实施的全过程。质量保证关注的是质量计划中规定的质量管理过程是否被正确执行。

电子商务项目的质量保证除了要对电子商务的开发计划、标准、过程、系统需求、系统设计、数据库、手册及测试信息等进行评审，还要对系统产品的评审过程、项目的计划和跟踪过程、系统需求分析过程、系统设计过程、系统实现和单元测试过程、集成和系统测试过程、项目交付过程、子承包商的控制过程、配置管理过程等进行评审。

6.3.1 电子商务项目质量保证的依据和内容

实施电子商务项目质量保证的依据主要有项目质量管理计划、质量控制的度量结果和质量工作的操作说明。其中质量控制的度量结果可以用于比较和分析，质量工作的操作说明则是对项目质量管理具体工作的描述，以及对项目质量保证与控制方法的具体说明。

电子商务项目的质量保证主要包括以下 6 个方面的工作。

（1）清晰的质量要求说明。对于电子商务项目来说，质量保证的首要工作是提出该项目的质量要求，既要有清晰的项目最终产出物的质量要求，又要有清楚的项目中间产出物的质量要求。对于项目中间产出物的质量要求越详细、越具体，项目的质量保证也就会越周密、越可靠。

（2）科学可行的质量标准。项目质量保证工作还需要依赖科学可行的项目质量标准，即根据以前的经验和各种各样的国家、地区、行业质量标准设计出适合具体项目质量保证的项目工作和项目产出物的质量标准。

（3）组织和完善项目质量体系。这是项目质量保证中的组织工作，这一工作的目标是要建立和健全一个项目的质量保证体系的组织机构，并通过这一质量保证体系去开展项目质量保证的各项活动。

（4）配备合格和必要的资源。在项目质量保证中需要使用各种各样的资源，包括人力资源、物力资源和财力资源等。因此，项目质量保证的另一项工作内容就是要为项目质量保证配备合格和必要的资源。

（5）持续开展有计划的质量改进活动。项目质量保证的一项核心工作是持续开展一系列有计划的、为确保项目产出物质量而开展的审核、评价和质量改进工作。

（6）项目变更的全面控制。要实现规定的项目质量就必须开展对项目变更的全面控制，这并不是说所有的项目变更都必须避免和消除，因为有些项目变更是为提高项目质量服务的，是为更好地满足项目业主或客户需求服务的，这种项目变更对于项目质量管理而言是可取的。

6.3.2　电子商务项目质量保证工作的方法和技术

当进行电子商务项目的质量保证时，主要的途径是质量审计和质量改进。

质量审计也称为质量审核，是对特定质量管理活动的结构化审查。其目的是确定质量活动及其相关结果是否符合质量计划安排，以及这些质量计划安排是否有效地贯彻执行，并且是否适合达到项目目标。质量审计可以包括质量体系审计、项目产品质量审计、过程质量审计、监督审计、内部质量审计、外部质量审计等。质量审计可以是有计划的，也可以是随机的，可以由公司内的稽查员或特定领域的第三方执行。

质量改进是以"增加项目的有效性和效率，提高项目投资人的收益"为主要目的而采取的各种行动。电子商务项目质量改进的方法包括电子商务项目质量改进建议和电子商务项目质量改进行动两个方面。一般的项目质量改进建议至少包括：目前存在的项目质量问题及其后果，发生项目质量问题的原因分析，进行项目质量改进的建议目标，进行项目质量改进的方法和步骤，进行项目质量改进所需要的资源，电子商务项目质量改进成果的确认方法等。电子商务项目质量改进执行的方法多数是根据电子商务项目质量改进建议而确定的具体工作方法。

6.4　电子商务项目质量控制

电子商务项目质量控制是指监督电子商务项目的实施状况，确定电子商务项目的实施质量是否与相关的质量标准相符合，找出存在的偏差，分析产生偏差的原因，并根据质量管理计划提出的内容，寻找避免出现质量问题的方法，找出改进质量、组织验收和进行必要返工的解决方案。

6.4.1　电子商务项目质量控制模型

1. PDCA 循环

不同的项目，在质量控制的内容和方法上是不尽相同的。传统的工程项目质量控制中主要是围绕人员（Man）、机器设备（Machine）、物（Material）、方法（Method）和环境（Environment）这 5 个要素（即 4M1E）来进行的。电子商务项目质量控制中主要围绕产品、过程和资源这三大要素来进行。经过多年的软件工程和全面质量管理（TQM）的实践，戴明提出的 PDCA 循环已经成为业界普遍接受并证明是行之有效的质量管理方法。图 6-3 所示为全面质量控制模型（PDCA 循环）示意图。

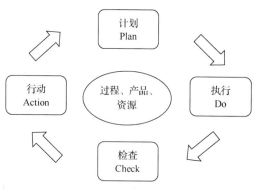

图 6-3　全面质量控制模型（PDCA 循环）示意图

电子商务项目质量控制 PDCA 循环原理具有 3 个特点。

（1）各级质量管理都有一个 PDCA 循环，形成一个大环套小环、一环扣一环、相互制约、互为补充的有机整体。在 PDCA 循环中，一般来说，上一级循环是下一级循环的依据，下一级循环是上一级循环的落实和具体化。

（2）每个 PDCA 循环都不是在原地周而复始地运转，而是像爬楼梯那样，每个循环都有新的目标和内容，这意味着通过质量管理，经过一次循环，解决了一批问题，质量水平有了新的提高。

（3）在 PDCA 循环中，A 是循环的一个关键。在一个循环中，经过计划（Plan）、执行（Do）和检查（Check）环节后，必须对总结检查的结果进行处理，对成功的经验加以肯定，并予以标准化，或制定作业指导书，便于以后工作时遵循；对于失败的教训也要总结，以免重现；对于没有解决的问题，应提交给下一个 PDCA 循环中去解决。

PDCA 循环必须紧紧结合电子商务项目质量控制的三大要素，不断进行调整和检查。

（1）产品。一个过程的输出产品不会比输入产品的质量更高，如果输入产品有缺陷，会在后续产品中放大，并影响到最终产品的质量。电子商务软件产品中的各个部件和模块必须达到预定的质量要求，否则各模块集成以后的缺陷会成倍地放大，并且难以定位，修复的成本也会大大增加。

（2）过程。电子商务系统软件项目的过程可以分成两类：一类是技术过程，如需求分析、架构设计和编码实现等；另一类是管理过程，如技术评审、配置管理和软件测试等。技术过程进行质量设计并构造产品，同时会引入缺陷，因此技术过程直接决定了软件的质量特性。而管理过程对技术过程的成果进行检查和验证，发现问题并进行纠正，间接地决定了软件的最终质量。因此，技术过程和管理过程都对软件质量有着重要的影响，项目团队需要给予足够的重视。

（3）资源。电子商务系统软件项目中的资源包括人力、时间、设备和资金等，资源的数量和质量都会影响软件产品的质量。软件是智力高度集中的产品，因此人力是其中决定性的因素，软件开发人员的知识、经验、能力和态度都会对软件质量产生直接影响。在大多数情况下，项目中的时间和资金都是有限的，构成了制约软件质量的关键因素，而设备和环境的不足也会直接导致软件质量的低下。

2. 能力成熟度模型

（1）能力成熟度模型（Capability Maturity Model，CMM）是一种用于评价软件承包能力并帮助其改善软件质量的方法，侧重于软件开发过程的管理及工程能力的提高与评估，是目前国际上最流行、最实用的一种软件生产过程标准，已经得到了众多国家以及国际软件产业界的认可，成为当今企业从事规模软件生产不可缺少的一项内容。CMM 的核心是把软件开发视为一个过程，并根据这一原则对软件开发和维护进行过程监控和研究，以使其更加科学化、标准化，使企业能够更好地实现商业目标。CMM 为软件企业的过程能力提供了一个阶梯式的改进框架，它基于过去所有软件工程过程改进的成果，吸取了以往软件工程的经验教训，提供了一个基于过程改进的框架；它指明了一个软件组织在软件开发方面需要管理哪些主要工作、这些工作之间的关系，以及以怎样的先后次序一步一步地做好这些工作而使软件组织走向成熟。

（2）CMM 的基本思想。CMM 的基本思想是，因为问题是由管理软件过程的方法引起的，所以新软件技术的运用不会自动提高生产率和利润率。CMM 有助于组织建立一个有规律的、成熟的软件过程。改进的过程将会生产出质量更好的软件，使更多的软件项目避免进度延迟和成本超支。

软件过程包括各种活动、技术和用来生产软件的工具。因此，它实际上包括了软件生产的技术方面和管理方面。CMM 策略力图改进软件过程的管理，而在技术上的改进是其必然的结果。

必须牢记，软件过程的改善不可能在一夜之间完成，CMM 是以增量方式逐步引入变化的。CMM 明确地定义了 5 个不同的"成熟度"等级：一级为初始级，二级为可重复级，三级为已定义级，四级为已管理级，五级为优化级。一个组织可按一系列小的改良性步骤向更高的成熟度等级前进。表 6-2 所示为 CMM 的分级、特征与要求。

表 6-2　CMM 的分级、特征与要求

等级名称	特征与要求	说明
初始级	过程无序，进度、预算和质量不可预测，企业一般不具备稳定的软件开发环境，通常在遇到问题的时候，就放弃原定的计划而只专注于编程与测试	原始状态，不需要认证
可重复级	建立了管理软件项目的政策，以及为贯彻执行这些政策而制订的措施。基于以往项目的经验来计划与管理新的项目。达到此级别的企业过程已制度化，有纪律、可重复	需要认证
已定义级	过程实现标准化。有关软件工程和管理工程的特定的、面对整个企业的软件开发与维护的过程将被制定出来。同时，这些过程是集成到一个协调的整体	需要认证
已管理级	企业对产品及过程建立起定量的质量目标，同时在过程中加入规定得很清楚的连续的度量。作为企业的度量方案，要对项目的重要过程活动进行生产率和质量的度量。因此软件产品具有可预期的高质量。达到该级的企业已实现过程定量化	需要认证
优化级	整个企业将会把重点放在对过程进行不断的优化上，采取主动的措施去找出过程的弱点与长处，以达到预防缺陷的目标。同时，分析各有关过程的有效性资料，作为对新技术的成本与效益的分析，并提出对过程进行修改的建议。达到该级的企业可自发地不断改进，防止同类缺陷重现	需要认证

6.4.2　电子商务项目质量控制工作的方法

电子商务项目质量控制的方法有很多，最常用也最直接的方法是检查，包括为确定项目的各种结果是否符合客户需求所采取的诸如测量、检查和测试等活动，其中既可能检查单项活动的结果，也可能检查项目的最终产品的结果。

数据是质量控制的基础，"一切用数据说话"才能做出科学的判断。用数理统计方法，通过收集和整理质量数据，有助于分析和发现质量问题，以便及时地采取对策，预防和纠正质量问题。常用的质量控制工具包括流程图、检查表、因果图、控制图、趋势分析图和帕累托图等。

1．流程图

流程图是通过相应的工作流程来规范质量管理工作，直观明了。另外，流程图显示了流程上不同因素之间怎样互相作用和影响，从而能够帮助项目团队来预测会发生哪些质量问题，可能发生在什么地方，应该采取什么样的办法去解决问题。

2．检查表

检查表通常由详细的条目组成，是用于检查和核对一系列必须采取的步骤是否已经实施的结构化工具，具体内容因行业而异。检查表是一种有条理的工具，可繁可简，语言表达形式可以是命令式口吻，如"开始调研"；也可以是询问式口吻，如"调研工作已经完成了吗？"

3．因果图

因果图又称为鱼刺图、树枝图等，是一种逐步深入研究和讨论质量问题的图示方法。因果图是以结果作为特性，以原因作为因素，在它们之间用箭头来表示因果关系，图 6-4 所示为因果图。

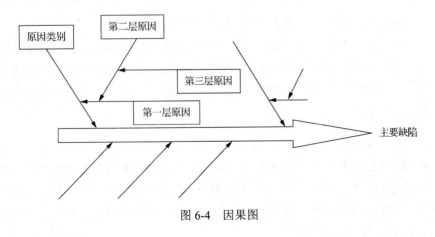

图 6-4　因果图

因果图是一种充分发动项目成员动脑筋、查原因、集思广益的好方法。当出现了某种质量问题，但未搞清楚原因时，企业可针对问题发动大家寻找可能的原因，使每个人都畅所欲言，把所有可能的影响因素都列出来，然后将这些因素分门别类，将各类别的因素填写在"原因类别"框中。

对于同一类别组的原因，企业还可以分出它们的层次，按照层次的先后逻辑，标注在相应位置上，这样，导致质量问题发生的原因就层次分明，在此基础上企业可以再结合后面介绍的帕累托图来分析其中的主要原因。

4. 控制图

控制图（见图6-5）是一种有控制界限的图，用来分析引起质量波动的原因是偶然的还是系统的，可以提供系统原因存在的信息，从而判断工作过程是否处于受控状态。

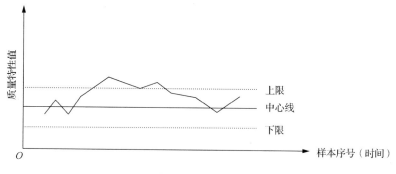

图 6-5　控制图

图6-5中上、下限线表示变化的最终限度，当连续的7个设定间隔内变化均指向同一方向时，就应分析和确认项目是否处于失控状态。当确认项目过程处于失控状态时，就必须采取纠偏措施，调整和改进项目过程，以使项目过程回到受控状态。控制图法是建立在统计质量管理方法基础之上的，它利用有效数据建立控制界限，如果项目过程不受异常原因的影响，从项目运行中观察得到的数据将不会超出这条界线。

实际上，控制图可用于监控任何形式的输出变量，如可以监控项目的进度和成本变化、范围变化的幅度和频率、项目的其他管理结果等，从而确认项目过程是否处于受控状态。

5. 趋势分析图

趋势分析图是根据历史数据利用数学技术来预测未来情况的分析方法，可用来跟踪一段时间内变量的变化。图 6-6 所示为趋势分析图的一个示例，从图中可以看出，随着时间的推移，平均每天事故发生率呈下降趋势。趋势分析图的主要优点是便于绘制，易于理解。

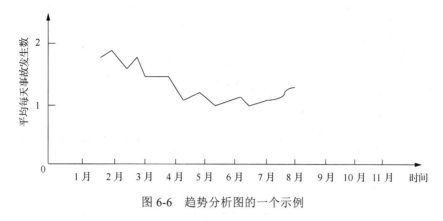

图 6-6　趋势分析图的一个示例

6. 帕累托图

帕累托图是以其发明者意大利经济学家帕累托的名字来命名的。帕累托发现，在许多国家中，少数人占有了大量财富，而多数人仅拥有少量财富。这些少数人对财富起着支配作用。于是，他提出了"关键的少数"（Vital-Few）和"次要的多数"（Trivial-Many）的关系，即 80/20 的关系。这个关系存在于社会的很多场合。例如，在一个股份制公司中，人们常常会发现，大约 20%的股票持有者往往占有大约 80%的股票总值；80%的营业额是由 20%的客户产生的；80%的破坏是由 20%的原因造成的；80%的延误是由 20%的分包商造成的。需要注意的是，上述 80%和 20%都是约数，不是指精确的数值，它强调的是"关键的少数"和"次要的多数"的原则。

后来，著名质量管理专家朱兰把这一原理应用到质量管理中，作为寻找影响质量的主要因素的一种方法。通过帕累托图找出影响质量的主要因素，才能有的放矢，取得良好的经济效果。帕累托图是分析和寻找影响质量的主要因素的一种工具，图 6-7 所示为帕累托图的一个示例，图中左边的纵坐标表示频数（如件数、金额等），右边的纵坐标表示频率（以百分比表示）；图中的折线表示累计频率；横坐标表示影响质量的各项因素，按影响程度的大小（出现频数多少）从左向右排列。通过对帕累托图的观察分析，可抓住影响质量的主要因素。影响质量的关键因素通常分为以下 3 类。

A 类为累计在 80%以内的因素，即"关键的少数"，是主要因素。

B 类为除 A 类外，累计在 80%～90%的因素，是次要因素。

C 类是除 A、B 类外，累计在 90%～100%的因素，是一般因素。

B 类和 C 类构成了"次要的多数"。

图 6-7 中"甲、乙、丙、丁"4 个因素为"关键的少数"，即 A 类因素；因素"戊"为 B 类因素，"其他"中的因素为 C 类因素，这两类因素合起来构成"次要的多数"。

137

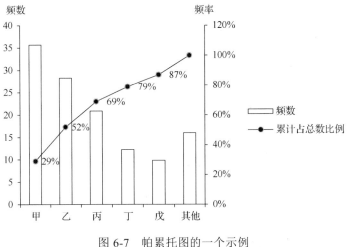

图 6-7　帕累托图的一个示例

6.4.3　电子商务项目质量控制的输出

电子商务项目质量控制输出的结果主要有质量检查表、质量报告表和质量跟踪表。

1. 质量检查表

电子商务项目质量检查表适用于检查"工作过程"与"工作成果"是否符合既定的规范，电子商务项目质量检查模板如表 6-3 所示。

表 6-3　电子商务项目质量检查表模板

质量保证检查表		
项目名称		
检查日期		
质量保证员		
检查项状态标记	✓合格　×不合格　TBD 待完成　NA 不适用	
1. A 过程域及工作成果检查表		
主要检查项	状态	说明
2. B 过程域及工作成果检查表		
主要检查项	状态	说明
3. C 成果域及工作成果检查表		
主要检查项	状态	说明

2. 质量报告表

电子商务项目质量报告表是对质量检查的最终成果的报告，电子商务项目质量报告表模板如表 6-4 所示。

表 6-4　电子商务项目质量报告表模板

基本信息			
项目名称		报告日期	
质量保证员		报告批次	第　份
工作描述			
参加人员			
过程质量检查			
受检查的过程域		检查结果	
产品质量检查			
受检查成果		检查结果	
问题与对策，经验总结			

3. 质量跟踪表

电子商务项目质量跟踪表是对质量问题处理的跟踪调查，以促进电子商务项目质量问题的彻底解决，电子商务项目质量问题跟踪表模板如表 6-5 所示。

表 6-5　电子商务项目质量问题跟踪表模板

项目名称			
质量保证员			
编号	问题描述	解决措施	实际解决情况

案例分析

电子政务工程项目质量管理

CASI 系统集成公司在 2007 年 6 月通过招标得到了某市滨海新区电子政务一期工程项目，该项目由小李负责，一期工程的任务包括政府网站以及政务网网络系统的建设，工期为 6 个月。

因滨海新区政务网的网络系统架构复杂，为了赶工期项目组省掉了一些环节和工作，虽然最后通过验收，但却给后续的售后服务带来了很大的麻烦。为了解决项目网络出现的问题，售后服务部的技术人员要到现场逐个环节检查网络，绘出网络的实际连接图才能找到问题的所在。售后服务部感到对系统进行支持有帮助的资料就只有政府网站的网页 HTML 文档及其内嵌代码。

思考：

1. 请简要分析造成该项目售后存在问题的主要原因。

2. 针对该项目，请简要说明在项目建设时可能采取的质量控制方法或工具。

3. 请指出，为了保障小李顺利实施项目质量管理，公司管理层应提供哪些方面的支持。

思考与练习

一、不定项选择题

1. 项目质量成本包括（　　）。

A．预防费用　　　B．实施费用　　　C．鉴定费用　　　D．故障费用

2. 项目质量审计发生在项目质量管理的（　　）阶段。

A．质量控制　　　B．质量成本　　　C．质量改进　　　D．质量保证

3. 对项目的可交付成果负主要责任的是（　　）。

A．质量经理　　　　　　　　　　B．项目经理

C．个人　　　　　　　　　　　　D．高级管理层

4. 6σ 质量管理方法中 4 个 σ 表示（　　）。

A．每天有 2/3 的事情做错，企业无法生存

B．卓越的管理，强大的竞争力和忠诚的客户

C．企业资源每天都有 1/3 的浪费

D．较好的管理和运营能力，满意的客户

5. 电子商务项目的质量保证主要包括的工作有（　　）。

    A．清晰的质量要求说明　　　　　　　B．科学可行的质量标准

    C．组织和完善项目质量体系　　　　　D．配备合格和必要的资源

    E．持续开展有计划的质量改进活动　　F．项目变更的全面控制

二、名词解释

1．戴明环

2．CMM

3．帕累托图

4．6σ 质量管理方法

5．项目质量成本

三、简答题

1．电子商务项目质量控制输出的结果主要有哪些？

2．项目的质量管理包括哪几个方面？

3．电子商务质量管理有何特点？

4．CMM 有哪几个等级？

 实训项目六

请根据素材文件（配套资源/第 6 章/实训项目六）内容，（1）找出一个可类比项目的质量标杆；（2）列出 1～2 个核心项目质量指标，并给出满足要求的质量指标取值区间；（3）描述影响项目质量的关键影响因素，以及小组项目质量管理的基本思想。

第7章 电子商务项目人力资源管理

学习目标

- 了解电子商务项目人力资源管理的主要内容。
- 了解电子商务项目团队成员的素质和职责。
- 了解电子商务项目生命周期的几个阶段的激励特征。
- 掌握建设高效电子商务项目团队的方法。
- 理解培养电子商务项目团队合作意识、相互信任精神及客观判断力和高效执行力的重要性。

知识要点

- 电子商务项目的团队的建设。
- 电子商务项目团队的激励机制。
- 电子商务项目团队的绩效考核管理。

导入案例

某项目人力资源管理

杨某为某省电信分公司的项目经理，在接到分公司副总经理的任命后，负责公司内部营账系统项目的管理工作。

为了更好地选拔项目组成员，杨某制订了人员要求计划，从该公司现有人员中选拔项目组成员。杨某的选择标准依次为学历、资格证书、工作年限、技术方向。按照杨某的要求，一些公司的技术骨干受学历因素的影响，虽然入选了项目组，但没有被放在骨干的位置上。项目组成员到位后，杨某为量化项目组的工作，制定了一系列绩效考核制度，以百分制原则按月发放绩效工资。

随着项目的开展，一些弊端开始浮上水面。分公司资深老员工吴某为原开发部门技术骨干，但由于其学历为中专，在进入项目组后未被放在核心岗位。在架构设计阶段，吴某对杨某所采用的系统架构提出了不同意见，而杨某在坚信自己经验的基础上拒绝了吴某的意见。在项目设计和编码阶段，吴某由于技术熟练和编程能力较强，连续 3 个月在绩效分中获得了 200 分以上的高分，并一直保持全项目团队绩效分第一名。按照杨某原先所定的绩效考核制度，吴某应得到其岗位 200%的绩效工资，然而在发放项目绩效工资时，杨某认为如果一次性发放项目奖金可能会为项目后期带来人员流失风险，于是对所有项目组成员扣发了30%的绩效工资，承诺项目验收完成后一次性发放扣发的绩效工资。吴某在连续 3 个月只领到 70%的绩效工资后，愤而辞职离开了该公司，随后一些绩效分超过 100 分的员工也不断辞职离开了公司，最后项目不了了之，杨某被调往其他分公司任职。

思考：

请你分析本项目失败的关键原因在哪里？如果是你，你会如何改进？

7.1 电子商务项目人力资源管理概述

由于项目的独特性和临时性的特点，项目团队往往是临时组建的，加上电子商务项目团队知识密集的特征，增加了电子商务项目团队人力资源管理的难度或特殊性。

电子商务项目
人力资源管理
概述

7.1.1 电子商务项目人力资源管理的定义

电子商务项目人力资源管理是指为了实现项目目标，根据项目的组织计划进行合理的人员配置，分配相关人员角色和职责，通过保持和激励他们对项目的忠诚度和积极性使他们融合到项目中，根据项目控制他们的工作绩效，从而提升项目成员的个人能力和项目组的整体能力。

电子商务项目人力资源管理既要遵循人力资源管理的一般规律，又要考虑电子商务项目人力资源的特点。电子商务项目人力资源的特点主要体现在以下两个方面：①由于电子商务项目具有知识密集型的特点，知识型的员工占比较高；②由于电子商务的业务需要快速应对外部环境的变化，电子商务项目团队组织的结构比较扁平，因而组织决策的员工参与度较高。

7.1.2 电子商务项目人力资源管理的内容

为实现电子商务项目人力资源的高效运作，电子商务项目人力资源管理的工作内容主要包括以下几项。

（1）项目人力资源的计划。主要是基于项目对人力资源的需求分析，对项目团队成员的获取、组建、激励和考核所做的整体规划。

（2）项目人员配备与团队组建。根据人力资源需求分析的结果，明确项目团队所需人员的来源、确立项目组织的构成形式。

（3）团队的激励与建设。明确项目团队激励的方法和制度，以及项目团队建设的思路和方法。

（4）项目团队绩效的考核。根据项目任务以及人员的特点，设计项目团队成员或小组的考核指标、测评工具等整体的绩效考核体系。

在上述 4 项工作内容中，项目人力资源的计划是其他工作的依据，所有的人力资源管理的工作组成了一个动态的循环系统。

7.2 电子商务项目人力资源计划

7.2.1 电子商务项目人力资源的需求分析

电子商务项目人力资源的需求分析主要是分析电子商务项目实施所需的各类人员的特征与数量，主要是要确定项目经理和其他人员（包括技术团队、运营团队等组长和成员）的素质和职责、项目组成员的结构。

1. 电子商务项目经理的特征和能力

电子商务项目经理在电子商务项目管理中起着非常重要的作用，他是一个项目全面管理的核心和焦点。电子商务项目经理的职责和工作性质决定了他必须具有一定的个人素质、良好的知识结构、丰富的工程经验、优秀的组织能力及良好的判断力。电子商务项目经理的特征和能力分析表如表 7-1 所示。

表 7-1 电子商务项目经理的特征及能力分析表

要求	特征	具体表现
能力要求	个性特征	能够有效地理解项目中其他人的需求和动机，并具有良好的沟通能力；抗压能力强，能面对不确定性强、高强度的工作
	管理能力	能把项目作为一个整体来看待，认识到电子商务项目各部分之间的相互联系、制约及项目与上级组织之间的关系。能制订出明确的目标和合理的计划；沟通能力强，能从容应对和解决电子商务方面运营中出现的问题

要求	特征	具体表现
能力要求	技术能力	深入了解电子商务行业和团队开发能力要有的知识和技术；对商业知识和数字技术等电子商务的新兴技术都要熟悉，并了解如何将这些知识和技术应用到电子商务项目中，使其发挥作用，推动电子商务项目的发展

2. 电子商务项目成员的职责

电子商务项目成员的职责应该以其具体工作的目标和任务为导向，以电子商务系统开发项目为例，电子商务系统开发项目人员的职责分析表如表 7-2 所示。

表 7-2　电子商务系统开发项目人员的职责分析表

岗位	具体职责
系统分析人员	负责项目前台与后台应用系统的需求分析和系统设计
网站总体设计人员	根据网站定位、客户需求分析对网站进行设计
网站内容编辑人员	在总体设计确定之后，对网站各个部分的内容进行设计和组织
网站形象设计人员	对整体网站形象系统进行设计，形成具有独立创意且完整的项目形象系统
用户手册编写人员	负责项目使用手册的编写工作
页面制作人员	如果所做项目属于电子商务网站,则其主要工作是利用后台软件制作前台页面的动态生成
美术设计人员	负责标志和按钮设计，图片的创意与设计，色彩的搭配及菜单、表等的设计工作，同时还要负责网站有关多媒体动画或者 Flash 应用功能的实现
软件开发人员	负责与 Web 相关的基于网络数据库系统与应用软件开发的工作
商城运营人员	负责制订网站的宣传计划并加以实施，利用网络建立公共关系，树立网站品牌形象，同时要对客户的访问进行分析并及时反馈客户意见，从而提高网站的客户满意度。如果网站有广告业务，那么也要负责网站的网络广告业务联系、实施与监测的工作
客户服务人员	负责客户服务，使企业和客户有较好的沟通、同时为制定经营策略提供支持，如收集市场资料、写调研报告等

3. 电子商务项目成员的结构

电子商务项目成员的结构可以从数量、质量和比例 3 个方面进行分析。数量是指项目团队所包含的成员的数量；而成员的学历、知识背景、专业职称和技能等影响项目实施结果的素质可以归结为成员的质量；同时，项目管理者还要考虑不同质量的人员在整个项目团队中分别所占的比例。

（1）合理的数量结构

在现实项目进展中，由于计划决策存在不足或出现未预测的风险变故，项目不能如期完成，在这种情况下，项目管理者最常用的弥补方法就是临时扩大团队成员数量，或让成员加班工作。

实际上，团队成员数量上的增加未必会带来效率的提高。对于新加入项目的成员，需要花费相当长的时间对其进行培训，还要让他们进行必要的知识学习，

第7章　电子商务项目人力资源管理

145

了解项目目前的进展情况，同时更要建立新进人员与现有人员的沟通渠道，消除业务知识、文化甚至代码编写习惯、客户服务用语等方面存在的差异，这样才能保证系统的开发质量。

在项目的不同阶段，对成员的需求也会发生变化。一般而言，随着项目所处阶段的不同，团队成员的数量并不是固定不变的。例如，在项目前期和收尾阶段，成员的数量显然要低于系统开发和市场拓展阶段。因此，项目管理者在制订项目计划和确定资源配置时，要科学地规划每个阶段成员的数量和质量结构，建立各阶段成员之间的知识技术衔接。

（2）合理的能级结构

所谓"能级"，在物理学中表示物质内部或系统内部的结构、联序和层次等；在现代管理学中，能级是指人们从事组织活动和管理活动的能力级。管理机构的不同环节和不同层次上的人员所需要的能力是有差别的，对组织目标的完成所起的作用也是不相同的，但都是不可缺少的。

由于项目成员的这种差别是必然存在的，这就要求项目管理小组根据这些差别设置不同的工作层次、工作职责、不同的权力和报酬，使每位成员能在与自己能力相称的不同岗位上发挥才能和作用。

如果只强调人员高能级，不重视各能级的比例结构，并不能组建高质量的团队。相反，如果团队中成员的能级结构适当，则项目进展中的项目规划、项目战略的确定，系统的总体设计、分析开发、实施和文档管理等各种复杂度不同的工作就都会有相应的人员来负责，从而可保障项目的顺利进行。

稳定的能级结构应是正三角形。正三角形的上部具有尖锐的锋芒，下部又有宽厚的基础，如图 7-1（a）所示的组织能级结构为最符合能级原理的结构，即拥有较少的高能级人员，较多的中等能级人员，以及更多的低能级人员；而图 7-1（b）～图 7-1（f）均有不同程度的缺陷。

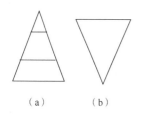 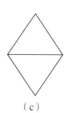 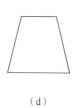  

（a）　　　　（b）　　　　（c）　　　　（d）　　　　（e）　　　　（f）

图 7-1　几种组织能级结构

7.2.2　电子商务项目团队的人员配备

电子商务项目团队的人员配备是根据人力资源需求分析的结果，通过内部选聘或外部招聘的途径获得满足人力资源数量和质量要求的项目经理及项目成员。

（1）内部选聘。根据需求分析，从组织内部的各部分选聘人员来组建项目团队运用。运用这种方式，团队成员能在较短的时间内相互适应，尤其是对组织文化的认同会较高，团队组建成本也较低。不过，对于创新性较高的项目来说，组织内部不一定会存在合适的人选，会给项目团队的组建带来困难。

（2）外部招聘。根据需求分析，对项目团队不同岗位的成员可以采用不同的外部招聘方式。对于关键的管理或技术岗位，组织可以通过猎头公司招揽优秀的人才来加盟项目团队，对于技能要求较低的岗位，组织可以通过普通的社会招聘或校园招聘的方式来加盟项目团队。虽然外部招聘的方式能给组织带来新鲜血液，但是其人员配备的成本比内部选聘的成本要高。

思考

内部选聘和外部招聘分别适用于什么类型的项目？

7.2.3 电子商务项目团队的组织结构

1. 电子商务项目团队的类型

电子商务项目团队可以按工作性质分为两大类，即技术团队和管理团队，分别负责系统网络平台的建设和维护及产品营销和物流管理等工作。

（1）技术团队。技术团队的职责包括平台功能分析与实现、网页设计与实现、数据库设计与维护、后台管理设计与实现及软件文档编制等。下面分别从承担以上几个方面职责的小组人员角度进行分析。

① 平台功能小组。分析人员需要在了解客户需求的基础上，对电子商务平台所实现的功能进行分析，确定基本的功能模块与架构。在进行客户需求分析时，分析人员不仅了解电子商务平台经营者的需求，更要了解电子商务平台使用者的需求，即要了解交易双方的需求。根据需求分析的结果，由系统分析人员进行系统架构和功能设计。

② 网页小组。电子商务交易需要通过网络平台来实现，因而能否设计与实现对客户有吸引力的网页，对电子商务项目的成功与否起到关键作用。因此，网页小组人员需要了解客户的审美需求和操作习惯，并具备一定的美学基础知识。

③ 数据库小组。与其他信息系统一样，电子商务项目的运行离不开数据库的

设计与实现。根据网络平台与网页功能需要，设计实现人员完成对数据库的设计与建设，在数据库运行阶段，由维护人员对数据的更新、安全和一致性等方面进行管理。

④ 后台管理小组。为了方便平台经营者对信息进行管理，通常在电子商务系统中设置后台管理模块。模块的设计人员将平台经营者作为主要客户进行需求分析，帮助其实现对用户注册、交易等重要信息的管理。除了具有对日常信息进行更新、查询和维护等功能，有些系统还具有统计查询、预测和关联规则挖掘等功能，这也是衡量电子商务平台管理水平高低的重要指标。

⑤ 文档编制小组。在信息系统开发过程中，文档编制人员需要对不同阶段产生的可行性分析、需求分析、功能设计、编码开发和测试等方面的文档进行管理，电子商务项目也不例外。文档编制人员需要按照统一的格式和标准，在项目生命周期各阶段编制相应文档，并遵循制度要求进行文档的共享、更新和维护工作。

（2）管理团队。管理团队的职责包括网络营销、物流运作管理、企业形象识别系统（Corporate Identity System，CIS）及策划、消费者行为调研和项目管理等。下面分别从承担以上几个方面职责的小组人员角度进行分析。

① 网络营销小组。电子商务网站建立之后，想要获得盈利和发展，必须通过网络实现营销。具体工作包括网站推广、网络品牌、信息发布和客户服务等。

② 物流运作小组。电子商务信息系统平台可以帮助客户低成本、方便快捷地完成寻货、议价和付款等活动。然而，交易的真正实现离不开商品物流过程，物流运作小组的主要职责就是保障商品顺利地完成从原材料入库、加工到成品出库至客户的整个流程。

③ CIS 及策划小组。在信息发达的互联网时代，企业建立 CIS 将其宗旨和产品包含的文化内涵传达给公众，对电子商务项目尤为重要。CIS 及策划小组的主要职责包括：企业的标识、名称、广告语、口号、商标和图案等形象设计；各项制度、行为规范、管理方式、教育训练、公益文化、公共关系和营销活动等企业行为设计；企业理念、企业文化、价值观念和经营思想等理念设计。

④ 消费者行为调研小组。通过对销售信息的处理，结合行为学等知识，消费者行为调研小组可完成对消费者浏览、注册、查询和交易等各种数据的分析，实现销售预测和个性化客户服务等。

⑤ 项目管理小组。项目管理小组的主要职责是确保所负责的项目成功，资源配置合理，同时与项目团队外的相关人员进行沟通和交涉。

2. 电子商务项目组织结构的类型

电子商务项目团队在企业中可分别采用职能型、项目型、矩阵型 3 种组织形式。根据不同的项目目标、原则和侧重点，并没有哪一种组织结构形式是最好的，企业需要根据自身人员的数量、质量、结构特点，以及项目的目标、进度等因素需求，选择具体项目适用的组织结构形式。

（1）职能型组织。企业完全按照职能分工来划分部门，成员来自各个职能部门，分别由所属的职能部门领导人管理，被称为职能型组织形式。

职能型组织形式示意图如图 7-2 所示，一个电子商务系统项目团队的 3 个成员分别来自不同的部门，他们的直属领导分别为系统部门经理、网络部门经理、市场部门经理，于是项目的管理和协调就依靠这 3 个职能部门的经理层来完成。这种组织形式的主要优点包括：①人员的使用具备较高灵活性，当员工发生离职、休假、升迁等意外情况时，处于项目协调层的部门经理可以从部门中选择恰当的人员顶替；②每个员工可以在所属部门中获得知识和技能的更新、分享，也可以在项目进行过程中获得技术支持；③员工事业稳定性和连续性较高，不必担心项目结束时项目组解散之后自身的发展去向。

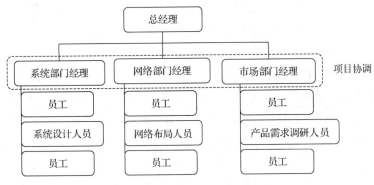

图 7-2 职能型组织形式示意图

当然，职能型组织形式也存在一定的不足。例如，①没有明确的项目经理，不能保证项目的全面控制管理；②成员的工作仍局限于所属的部门和专业，缺乏从项目整体的角度审视自身作用的能力；③由于每个人都将职能部门的工作放在优先的位置，客户的利益有时无法得到保障。

（2）项目型组织。按照不同的电子商务项目组成不同的团队，并由指定的项目经理来协调和管理项目的运作，称为项目型组织形式。

图 7-3 所示为项目型组织形式示意图，根据电子商务项目名称的不同，组织负责不同工作的成员，形成 A 项目、B 项目、C 项目等项目组。

A 项目经理	B 项目经理	C 项目经理
• 系统维护人员 • 广告人员 • 配送人员	• 系统设计人员 • 系统开发人员 • 市场调研人员	• 员工 • 员工 • 员工

图 7-3　项目型组织形式示意图

这种组织形式的优点包括：①由项目经理负责所有项目相关人员、资源的协调管理，最大限度地提高项目的运作效率；②易于从项目角度对成员进行激励，使团队精神得到充分发挥；③与职能型组织形式相比，其客户的利益更容易得到保障；④从项目角度审视，项目型组织形式易于评估管理。

但项目型组织形式同样也存在一些缺点，包括：①不同项目同种职能人员、同种资源设备因为属于不同部门，彼此之间交流、共享及技术积累比较难展开；②专业性人员的利用率低，不适用于人才匮乏的小型企业；③项目成员之间因为所负责的任务不同，经常出现忙闲不均的情况，不利于整体激励；④项目结束后，项目组织解散，项目成员缺乏事业发展的稳定性和安全感。

（3）矩阵型组织。矩阵型组织形式是综合了职能型组织形式和项目型组织形式特点的一种模式，成员既属于某个职能部门，又属于某个项目组，于是项目成员既需要对职能经理汇报，又需要对项目经理汇报，项目的人员管理由项目经理和职能经理相互协调完成，矩阵型组织形式示意图如图 7-4 所示。项目成员仍隶属于各个职能部门，但在职能部门之外，有专业化的项目经理负责项目工作。

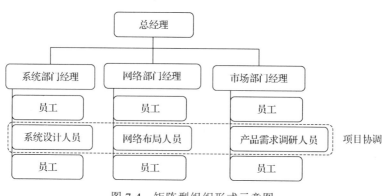

图 7-4　矩阵型组织形式示意图

矩阵型组织形式由于是前两种组织形式的结合，所以其在一定程度上兼有两者的主要优点，包括：①项目经理和职能部门经理可以发挥各自的优势，项目经理的工作重心在于从项目的角度控制进度、组织调配资源、保障客户在内的各方利益，而职能部门经理则可以从专业的角度对成员进行技能培训、激励管理、最佳实践积累、知识共享、员工代替调配；②包括人员在内的各种资源利用率达到最高，即很少存在资源浪费、人员冗余的情况；③项目组成员具有较高的事业稳定性和安全感。

然而矩阵型组织形式也存在一些缺陷，包括：①项目组成员具有两个甚至两个以上的领导，容易造成责任不清及成员偷懒的情况。每一个领导都不能对团队成员的行为进行完全的监督管理，尤其在工作失误时，会出现推卸责任的情况。同时，如果两个领导沟通不畅，项目组成员有机会编造另一位领导安排给了他重要任务的理由，拒绝上级安排的工作。②针对多个项目间需要共享的稀缺资源，如果缺乏有权威的领导指派协调，容易引起项目组之间的斗争，不利于企业的整体利益。

以上分别讨论了 3 种常见的组织形式的组成和各自的优缺点，在实际应用中，它们也存在各种的适用条件。①对于项目成员大多数来自同一个部门的情况，职能型组织形式更容易协调。例如，对于电子商务系统建设项目，则可以以系统部门作为项目主体；对于技术比较成熟的项目，风险较小，并且可充分利用已有的经验、知识、最佳实践，也适合职能型组织形式。②对于技术开拓前沿性的项目，风险较大，需要风险和控制管理；或者没有经验借鉴，需要应对可能出现的各种状况，以及需要各方面的人员协调，项目型组织形式更加适用；如果某些项目对进度、成本、资源、质量等指标有严格要求，即对项目管理提出很高的要求，也适合项目型组织形式发挥其优势。③如果矩阵型组织形式的优势得以发挥，必须要克服人员多重管理的问题，因此其适合于管理规范、分工明确的企业。

7.3　电子商务项目团队建设

项目团队建立之后不一定就能立即形成有效的管理能力，团队需要成长。电子商务项目团队建设就是培养和提高项目团队成员的个人能力，以及项目团队整体的工作能力，使项目团队成为一个特别有能力的整体，在项目管理过程中不断提高管理能力，改善管理业绩。电子商务项目团队因其知识密集型的特点，使发挥多个高素质人才的整体工作能力即团队建设显得尤为重要。

7.3.1 电子商务项目团队的发展阶段

电子商务项目团队的发展是一个动态的过程，一般会经历 5 个不同的阶段：形成阶段、震荡阶段、规范阶段、执行阶段及解体阶段。

（1）形成阶段。由于组织的工作分配，组建一个新的团队，并界定团队的目标、结构和领导层等工作。这一阶段以极大的不确定性为特点。团队成员不了解他们自己的职责及其他项目团队成员的角色。在形成阶段，团队需要明确方向，要靠项目经理来指导和构建团队。这一阶段团队的士气一般比较高，情绪特点包括激励、希望、怀疑、焦急和犹豫。由于无法确定其他成员的反应，他们会犹豫不决。成员会怀疑他们的付出是否会得到承认，担心他们在项目中的角色是否会与他们的个人兴趣及职业兴趣相一致。

（2）震荡阶段。震荡阶段是一个团队内部冲突凸显的阶段。此时团队成员虽然接受了团队的存在，但是抵制团队对个体所施加的控制，甚至在由谁控制团队的问题上也可能出现冲突。这一阶段结束时，内部会出现比较清晰的领导层级。在这一阶段，刚开始现实也许会与个人当初的设想不一致。例如，任务比预计的更繁重或更困难，成本或进度计划的限制可能比预计的更紧张，成员对电子商务项目越来越不满意，对项目经理的指导或命令可能也有些反感。团队成员这时会利用一些基本原则来考验项目经理的缺点及灵活性。在震荡阶段，士气很低落，成员们可能会抵制形成团队，因为他们要表达与团队联合相对立的个性。

震荡阶段的特点是人们有挫折、愤怒或者对立的情绪。在工作中，每个成员根据其他成员的情况，对自己的角色及职责产生更多的疑问。当开始遵循操作规程时，他们会怀疑这类操作规程的实用性和必要性。成员们希望知道他们的控制程度和权力大小。

（3）规范阶段。经受了震荡阶段的考验后，项目团队就进入了发展的正规阶段。在规范阶段中，成员之间的关系得以密切发展，同时团队也表现出了凝聚力。这时团队成员有一种强烈的群体认同感和志同道合感。

这一阶段，团队成员之间、团队与项目经理之间的关系已经确立，绝大部分个人矛盾已得到解决。总的说来，随着个人期望与现实情形——要做的工作、可用的资源、限制条件和其他参与的人员等相统一，人们的不满意情绪也减少了。项目团队接受了这个工作环境，项目规程就得以改进和规范化。控制及决策权从项目经理移交给了项目团队,凝聚力开始形成,有了团队的感觉。在这一阶段,随着成员之间开始相互信任,团队的信任得以发展。团队成员大量地交流信息点和感情,合作意识增强,互相交换看法,并可以自由地、建设性地表达他们的情绪及评论意见。

(4)执行阶段。执行阶段是团队成长的第四阶段,也是最辉煌的阶段。此时群体的结构发挥着最大作用,并得到广泛认同。团队成员的主要精力从相互认识和了解进入完成当前的工作任务上。

这一阶段,项目团队积极工作,急于实现项目目标,工作绩效很高,有集体感和荣誉感,信心十足。项目团队成员能开放、坦诚、及时地进行沟通。项目团队会根据实际需要,以团队、个人或临时小组的方式开展工作,团队相互之间依赖性高,他们经常合作并在自己的工作任务外尽力相互帮助。团队能感觉到高度授权,如果出现问题,就由适当的团队成员组成临时小组,解决问题,并决定如何实施方案。随着工作的进展并得到表扬,团队成员获得满足感。个体成员会意识到为项目工作的结果是,他们正获得职业上的发展。

对长期工作群体来说,执行阶段是其发展历程的最后一个阶段;但对于临时群体,如对于解体阶段项目团队、特别行动小组或其他类似团队来说,它们是为完成某种具体任务而建立的,因此还存在解体阶段。

(5)解体阶段。在这一阶段中,团队为解散做好准备。高工作绩效不再是团队关注的头等大事,取而代之的是,团队成员关注如何做好善后工作。这一阶段团队成员的反应各不相同:一些人为团队所取得的成就而兴奋不已、心满意足;也有一些人则可能为即将失去在团队生活中所获得的和谐与友谊而闷闷不乐、郁郁寡欢。

7.3.2 高效电子商务项目团队的建设

高效电子商务项目团队要求:清晰的目标并且达成一致认知,团队成员具备能实现目标所必需的相关技术和能力,团队成员之间需要相互信任,有良好的沟通方式和渠道,并且项目还需要得到内外部的支持。如何才能建设一个有效的项目团队?以下几种方法在实践中得到了广泛的检验和认同。这些方法包括培训、建立团队成员主动协同工作关系、团队建设活动。

1. 培训

电子商务项目组成员在自己的专长方面是很有能力的,但是他们可能并不熟悉电子商务,这就需要培训。另外还需要给他们培训有关协同工作与项目管理方面的知识，以及特殊的软件工具使用方法或相关方法。事实证明，经过专业培训的人员，要比其他人待人接物更有效率，反应更为敏捷。另外，如果团队成员不喜欢一起工作，那么学习如何进行团队合作就显得必要了，当然这需要整个项目团队和关键的项目干系人参与，否则实现项目的目标就十分困难。

培训包括了所有用以增进项目团队成员能力的活动。培训可以是正式的或者非正式的。培训的方法包括教师培训、在线培训、基于计算机的培训或来自其他项目成员、指导人和教练的工作培训。

电子商务团队成员应该按照下面的几点接受培训。

（1）与电子商务相关的常规概念。

（2）电子商务对原有商务流程做了哪些调整。

（3）实施电子商务的企业案例。

（4）工作中各业务部门如何介入。

（5）电子商务的项目模板。

（6）定义任务，估计项目持续时间。

（7）为机关任务更新资料。

（8）发掘电子商务工作的问题与机遇。

（9）协同工作的训练。

2. 建立团队成员之间主动协同工作关系

任何一个团队在建设之初都会对未来有美好向往；在开始执行分配任务时会遇到超出预想的困难，希望被现实打破，团队成员之间开始有争执，互相指责，并且开始互相怀疑；再经过一定时间的磨合，团队成员之间会相互熟悉和理解；最后形成相互之间的默契配合，项目中所有团队成员都主动积极协同工作，努力实现共同目标。那么如何能够尽快建立团队成员之间主动协同工作的关系呢？可以从以下几个方面来进行。

（1）建立共同的执行目标。将团队目标与个人目标融为一体，使项目成员努力追求的目标与整个项目的目标一致。只有建立了共同的目标，项目团队才会产生强大的吸引力。

（2）不断提高自身价值并满足成长的需要。整个团队合作中，团队成员不仅需要有共同的奋斗目标，还需要从物质和精神两方面满足队员们的需要。例如，可以通过各种各样的活动来满足成员与他人沟通的需要；通过公平合理的绩效考核来满足成员不断改善生活条件的需要；通过提供给成员更有挑战性的工作，使其不断受到激励，来满足他们实现自我价值和成长的精神需要，从而增强团队对他们的吸引力。

（3）需要出现一个具有超凡魅力的团队带领者。美国的罗伯特·豪斯说过："有超凡魅力的领导者与下属的高绩效和高满意度之间有着显著的相关性。为有超凡魅力的领导者工作的员工，会因为受到激励而在工作中付出更多的努力，而且由于他们喜爱和敬佩自己的领导，也会表现出更高的满意度。而满意度越高，团队的凝聚力就越强。"可见，一个具有超凡魅力的团队带领者对整个团队的合作会起到举足轻重的作用。

（4）不断磨合，相互信任。在具备了上述 3 个条件后，整个项目团队想要更快地形成合作的氛围，还需要团队成员之间不断地进行沟通、磨合，逐步建立起团队成员间主动协同的工作关系。

3．团队建设活动

团队建设活动包括为提高团队运作水平而进行的管理和采用的专门的、重要的个别措施。例如，在制订计划过程中有非管理层的团队成员参加，或建立发现和处理冲突的基本准则；尽早明确项目团队的方向、目标和任务，同时为每个人明确其职责和角色；邀请团队成员积极参与解决问题和做出决策；积极放权，使团队成员进行自我管理和自我激励；增加团队成员之间的非工作沟通和交流的机会，如工作之余的聚会、郊游等，以促进团队成员之间的了解和交流。

7.3.3 电子商务项目团队的冲突管理与授权

1．电子商务项目团队冲突产生的原因及影响

在电子商务项目团队的工作中，冲突总是不可避免的。究其原因，团队成员个性的差异、专业背景的不同会使成员在观念、行为上等方面存在差异，造成冲突；也可能会因为组织沟通渠道的不通畅、沟通方式的不合适造成冲突；甚至会因为个人的文化背景、成长经历与组织的文化产生冲突；也有可能是团队成员个人之间的利益产生冲突。

并且由于电子商务项目团队是临时组建的团队，团队成员之间的差异或者不熟悉会使产生冲突的可能性增强。所以对于电子商务项目团队的建设来说，如何正确理解冲突给组织带来的影响，正确面对和处理冲突的能力是非常重要的事情。

（1）冲突给组织带来的影响。不同的冲突会给组织带来不同的影响，即负面效应和正面效应。

① 负面效应。解决冲突会浪费管理者的时间、消耗组织资源，甚至会造成项

目团队的工作延误；在一些规模较大的组织中甚至会产生派系，造成组织内耗；尤其是那些因为沟通不畅产生的冲突，会让项目团队内信息传递失真，从而导致更大的冲突。在工作中总是面临冲突的项目成员，会陷入身心俱疲的状态，极大地影响了项目团队的效率。

②正面效应。不是所有的冲突都应该避免，尤其是对于知识型的电子商务项目团队来说，这种项目团队强调创新，所以来自不同专业背景和部门的成员，更利于碰撞出思想的火花，有助于组织创新氛围的形成，从而增强团队成员的才干和能力，尤其是培养管理者的应变能力，积累项目冲突的处理经验。并且，冲突的出现也有助于管理者发现项目团队存在的问题，一个能鼓励项目成员抒发己见、勇于表达不同观点的项目团队是一个健康成长、良性竞争的团队，能为组织存在的问题提供多方面诊断信息。

（2）冲突管理的策略。根据冲突发生的场景和不同冲突的表现，可以用不同的策略来处理。冲突处理的策略如表 7-3 所示。

表 7-3　冲突处理的策略

策略类型	策略内容	使用环境
强制	在权威作用下，强制双方接受	紧急事件，需要快速决策
合作	双方为实现共同目标合作	在一个利益团体中，追求共同目标
妥协	双方各自让步妥协	势均力敌的对手，无法达成合作或强制
回避	将冲突搁置	不是主要问题或解决成本太高
顺应	某方顺应服从对方的意见	对别人更重要或别人的意见更恰当

在处理冲突时，虽然可以选择上述策略，也需要注意以下问题。首先，要避免过度理性。不是所有的冲突都是需要应对的，往往只有对项目团队的目标和成员的工作产生显著负面影响的冲突，才需要正面应对。此外，处理冲突时要注意对人不对事，虽然冲突大多表现为人与人或组织之间的冲突，但是解决冲突的目的是完成项目团队目标。需要注意的是，在项目团队中要避免过度承担责任或固守自己的看法不让步。要分析清楚产生矛盾的原因，而不是息事宁人或者仅从自身利益出发固执己见，应该把项目目标的实现作为考虑问题的关键。

2. 电子商务项目团队的授权

（1）授权产生的原因。授权是指将属于项目管理者的权力临时授予下属。管理者往往会因为一些客观原因，如出差或者其他不在岗的原因，而需要将权力授予下属；也有可能因为想要锻炼和培养某位下属，而将权力授予其行使。

思考

为什么要将权力"临时"授予下属，而不是将该权力固定作为下属的职责范围呢？

（2）授权需要注意的问题。要能让授权真正发挥其作用，首先需要注意在电子商务项目团队中创造授权文化，即管理者愿意将权力下放，形成民主参与式管理的氛围；要选择合适的人委以重任，并且征求其意向；同时，管理者要注意在整个电子商务项目团队的正式场合公开将权力授予某个下属，树立其在团队中行使权力的权威；并且在权力行使中要与被授予者充分沟通权力行使的情况，给予适度支持和指导，锻炼和培养下属。

7.4　电子商务项目团队的激励

为了保证电子商务项目的顺利沟通和授权，实现各项任务目标，激励管理和考核管理是人力资源管理中重要的手段。本节将在介绍激励理论的基础上，分析激励的方法和机制，讨论电子商务项目团队成长中若干阶段的激励特点。

电子商务项目
团队的激励

7.4.1　电子商务项目人力资源激励的关键理论

在电子商务项目中如何科学地设置目标，对团队成员进行有效激励，来自人力资源管理领域的研究成果给了我们很多启示。下面介绍 3 种具有代表性的激励理论。

1. 马斯洛的需求层次理论

亚伯拉罕·哈罗德·马斯洛（Abraham Harold Maslow），美国社会心理学家、人格理论家和比较心理学家，20 世纪 50 年代提出了著名的需求层次理论。该理论将人们的需求内容分为 5 个层次，核心思想可以总结为两个方面：第一，当低层次的需求基本得到满足以后，它的激励作用就会降低，高层次的需求会取代它成为推动行为的主要原因。第二，低层次的需求未能满足之前，高层次的需求不能对人起到相应的激励作用。具体内容如下。

（1）生理需求。生理需求是指人们满足生存需要的需求，主要是衣、食、住、行的需求。只有这些需求得到满足，员工才可能生存。这一层次的激励手段主要包括增加工资、提高福利待遇等。

（2）安全需求。安全需求是指人们要求保障自身生命安全及自由、摆脱失业和丧失财产威胁等方面的需要。如果对于员工来说安全需求最重要，那么项目管理者在管理中有效的激励手段应该为健全规章制度、职业医疗保障并保护员工不致失业。

（3）社会需求。社会需求是指朋友、同事间的友情，属于某一个群体成员间相互照顾，并应该避免变动及冒险的归属需要。当人们满足了生理及安全需求之后，社会需求就会突出，此时工作被人们视为寻找和建立温馨和谐的人际关系的机会。管理者应该在工作中提供社交往来机会，鼓励群体活动，并且遵从集体行为规范。

（4）尊重需求。尊重需求是指人们希望自己有稳定的社会地位，个人能力和成就得到社会承认的需求，包括人在不同境遇下面对困难的自信和自尊，更包括由于别人肯定他们的才能而得到的成就、名声、地位和晋升机会。对于需要满足尊重需求的员工来说，管理人员应给予其更多的肯定和荣誉以实现激励。

（5）自我实现需求。自我实现需求是指人们为实现个人理想、抱负，尽量发挥自己的才能，实现挑战性目标的需求，这是最高层次的需求。如果员工需要自我实现，管理人员应该尽量安排员工做其感兴趣的工作，这样才会使他们感到最大的快乐。

对于电子商务项目团队成员而言，不同职位、不同背景的员工会有不同的需求。管理者在人力资源激励中特别需要注意分析识别成员需求，根据成员所属的需求层次阶段，采用对应的激励手段，才能取得良好的效果。例如，项目经理所具备的能力及所从事的工作，说明了其社会需求、尊重需求往往已经被满足，自我实现是其最重要的需求。

2. 赫茨伯格的双因素理论

双因素理论，也称为"激励-保健理论"，是美国的行为科学家弗雷德里克·赫茨伯格（Frederick Herzberg）在 1966 年提出的。该理论将激励因素分为两大类：激励因素，如成就、赏识、挑战性的工作、增加的工作责任、职业的满意和赏识，以及成长和发展的机会等；保健因素，包括公司政策与管理、监督、工作条件、人际关系、薪金、地位、工作安定等。这两种因素会对员工产生不同的激励作用，应该区别对待。

赫茨伯格的调查显示，员工对组织感到不满意，抱怨的因素大多与工作环境或人际关系等保健因素有关，虽然这些保健因素的改善可以预防或消除员工的不满，但不能直接起到激励的作用。保健因素的满足对员工产生的效果类似于卫生保健对身体健康所起的作用。当这些因素恶化到人们认为可以接受的水平以下时，人们就会产生对工作的不满意。但是，当人们认为这些因素很好时，它只是消除了不满意，并不会导致积极的工作态度，这就形成了一种既不是满意又不是不满意的中性状态。也就是说，保健因素是消除不满意的基本条件，但在激励中只提供保健因素是不够的。

与此相反，使员工感到满意的因素主要与工作内容或工作成果有关，这些因素的改善可以使员工获得满足感，产生强大而持久的激励作用，称为激励因素。只有激励因素具备了，才能对人们产生更大的激励。从这个意义出发，赫茨伯格认为传统的激励假设，如提供良好的工作条件等，都不会产生更大的激励。它们能消除不满意，防止产生问题，但即使这些因素达到最佳程度，也不会产生积极的激励。按照赫茨伯格的意见，管理者应该认识到保健因素是必需的。只有积极的激励因素才能发挥真正意义上的激励作用，使人们有更好的工作成绩。赫茨伯格在企业调查中还发现，激励因素和保健因素都有若干重叠现象，如赏识属于激励因素，基本上起积极作用；但当员工没有受到赏识时，有可能使他感到不满，这又属于保健因素的作用范畴。

我们可以用赫茨伯格的一句话对双因素理论进行概括——"保健因素是工作中不满意因素的主要制造者，而激励因素则通向满意感"。

思考

赫茨伯格的双因素理论与马斯洛需求层次理论相比，进步意义在哪里？

3. 期望理论

马斯洛的需求层次理论和赫茨伯格的双因素激励理论是针对"需要"的研究，回答了以什么为基础或根据什么才能激发调动起员工工作积极性的问题，而弗鲁姆（Victor H.Vroom）在 20 世纪 60 年代所提出的期望理论（Expectancy Theory）则强调：通过满足人们的需求实现组织目标需要一个过程，需要通过制定一定的目标影响人们的需求，从而激发人们的行动。

该理论认为，组织设定的目标对人的激励程度受两个因素的影响。

（1）目标效价，即人们认为目标的实现能产生多大的价值。产生的价值越大，人们的积极性就越高。

（2）期望，即人们对目标实现可能性的估计。人们对于可能性较大的目标通常会尽力实现，而如果人们认为某个目标几乎没有可能实现，是不会产生激励效果的。

期望理论认为，目标的激励作用是目标效价与期望的乘积，是两者共同作用的结果。如果一个目标的实现能够产生很大的价值，但是实现的可能性很低，就不能促进人们产生积极性。同样，即使一个目标很容易实现，但是实现之后不会产生很好的价值，也不会激励人们努力实现。以期望理论为指导进行员工激励，就需要使员工明确，他们的需求是与组织的目标密切联系的，只要努力工作就能够实现自己的需求。

7.4.2　电子商务项目团队的激励方法

考虑到电子商务项目团队成员在团队形成、震荡、规范、执行和解体 5 个过程中所体现出来的不同特点，不同的过程需要选择不同的激励方法。除了在常规团队中常见的物质激励以外，电子商务项目团队更需注重精神激励。

（1）预期激励。加强团队成员对任务预期目标的展望，对即将可能出现的困难有所估计。

（2）信息激励。使团队成员了解获得项目所经历的激烈竞争和团队中其他成员的相关信息，提供一些团队为获得电子商务项目所经历的激烈竞争，以及团队中其他成员的相关信息，让团队成员更全面地了解项目。

（3）参与激励。通过强调参与，团队成员有机会了解到电子商务项目各个环节的工作，理顺团队关系。

（4）责任激励。明确各成员的任务，强调工作的重要性，激发其责任感和完成任务自我实现的意愿。

（5）自我激励。根据团队成员的兴趣爱好、职业发展方向进行激励。

（6）知识激励。组织团队成员有计划地接受专业知识技能培训，储备团队未来发展积累所需的知识能力。

（7）危机激励和目标激励。不断强化电子商务项目实现目标的重要性，思考有哪些因素会导致项目的失败，项目还有其他什么风险等，使团队成员对待驾轻就熟的工作，仍然能够保持认真负责的态度。

思考

每种精神激励的方法分别适合电子商务项目团队成长的什么阶段？

7.5　电子商务项目团队的绩效考核管理

要对电子商务项目团队或团队成员进行激励，首先要做的是对他们完成的工作进行考核，考核结果往往是激励的依据。电子商务项目团队的绩效考核包括成员个人和团队两个层面的考核。

7.5.1　电子商务项目成员个人的考核

个人考核主要从特征、行为、绩效 3 个方面衡量。

（1）特征。项目成员的特征包括团队成员的学历、专业职称、技能证书等各种与项目任务相关的能力证明，表明了个人在技术知识方面具备的素质水平。企业在制定基础薪酬时，项目成员的特征是主要参考因素之一。

（2）行为。项目成员的行为包括团队成员在项目进展过程中所表现出的勤奋、合作、奉献等品质，将个人的时间、知识、经验贡献给团队及其他成员，从而促成整个项目目标的完成。

（3）绩效。项目成员个人的绩效即对比目标要求，成员个人所担负的责任、任务的实际完成情况，可以通过数量的百分比和时间的长短等方面来衡量。相对于其他两个方面，绩效是应用最为普遍的考核内容，与企业的效益联系最为密切，也可以比较客观、公平地测量。

在个人考核中，通常通过打分的方式对以上 3 个方面进行综合考评，以制度的形式将考核的要素及相应的权重确定下来，才能得到对成员个人全面的评价，否则可能会误导项目成员。例如，仅强调项目成员的绩效，尽管这是企业最为看重的考核方面，但可能会过多刺激成员的功利心，仅考虑个人短期利益，不愿与其他成员合作，而给团队带来长期损失。同样，过多地强调项目成员的特征，可能会使团队内形成追求文凭、论资排辈的氛围，不利于成员发挥积极性来完成工作绩效，不能按照项目的需要和发展来学习、更新知识。

在电子商务项目中，成员个人的考核主要需要注意以下几点。

① 团队构成复杂，每个成员所承担的工作很难用同一个标准衡量。成员所负责的工作从系统分析、设计、编码、测试、维护，到市场策划、品牌推广、形象设计，再到产品供销、仓储运输，性质和内容各有不同。即便承担同一类型的任务，如系统设计，也会因为所涉及的模块难度和重要性不同，而造成成员间工作复杂度的差异。因此，需要针对每类别的工作，按照上述 3 个方面建立相应的考核指标。

② 考核要对"行为"中的沟通贡献加以强调，有时胜过个人特征和绩效。电子商务项目中，不可能由一个人完成电子商务项目从立项到收尾所有阶段的工作，团队合作在电子商务项目中尤为重要。每个子任务的开展，都需要在总任务的协调下，保证与其他子任务的有效沟通与一致性，这样才能使电子商务项目顺利进行。

③ 考核要强调"行为"中的经验分享和知识学习。一般情况下，这两种因素并没有与成员所完成任务的绩效直接建立联系，因此在考核中时常被忽略。实际上在电子商务项目中，团队知识的学习和共享是非常重要的，成员个人所进行的每一项工作以及解决的每一个问题，都可能被其他成员所借鉴，包括各种文档、表格和经验等，当这些经验作为知识得以保留、共享之后，也可以被其他的电子商务项目学习利用，从而带来效率的提高。

7.5.2 电子商务项目团队的考核

在项目考核中，除了对成员个人进行考核，团队绩效如何，成员是否协调努力，是否实现了团队的目的、解决了单个任务，是更为重要的考核内容。因此，对电子商务项目团队绩效的考核，既要强调团队所承担任务的完成情况，也要考虑团队的建设，考虑能否使团队整体效能高于成员个人效能的综合，即能否实现"1+1>2"的效果。下面介绍团队考核通常采用的一种方法——平衡计分卡。

平衡计分卡（Balanced Score Card）由罗伯特·卡普兰（Robert Kaplan）与大卫·诺顿（David Norton）在 1992 年提出，围绕企业的愿景与战略，通过对财务、客户、企业内部业务、学习成长 4 个方面指标的衡量，综合评价团体绩效。财务方面的各项指标反映了企业目前的经营效率，而学习和成长则为衡量企业未来持续变革、发展的能力提供了预测评价依据；各项业务指标从企业内部评价企业的业务流程、运作成果，而对客户层面的评价，则反映了企业外部对企业的要求。

由此可以看出，平衡计分卡实现了对企业现在和将来、内部和外部的全面衡量，不同于传统以财务会计量度为主的绩效衡量模式，其在考察现在业绩的同时，也强调团队应以客户需求为导向，提高内部流程的运作效率，同时具备学习与成长能力。在平衡计分卡的使用中，上述 4 个方面各自有相应的一系列指标、量度、目标值，描述团队的产出，用系统、全面、完整的评价指标体系，把企业愿景、战略等抽象概念转化为企业内部、外部、现在、未来发展运作的明确目标，可以同时反映关于团队的各个方面的详细信息，并可以预防可能出现的一些方面的短期行为，对于电子商务项目团队获得的收益或损失能够进行全面准确的评价。

毕马威公司结合平衡计分卡在企业团队中的实际使用情况，曾经提出过"使用平衡计分卡的十条戒律",其中指出,有效使用平衡计分卡,必须有明确的团队目标,获得包括管理层等相关人员的支持,结合不同团队成员、承担任务、团队文化等因素量身定做适宜的平衡计分卡,并对所有人员进行入门指导。同时还要全面考虑平衡计分卡带来的额外工作量和成本,以及实施的相应基础(比如信息的及时沟通),注意到它并不是在所有项目团队中都适用等。

 **案例分析**

案例 1 "绿流"的组织结构与成员职责

武汉绿流网络科技有限公司(以下简称绿流公司)是以微店、微信订阅号为平台,以线上投废、上门回收、微信推送为手段,提供针对高校及附近社区市场的"互联网+绿色回收"和公益环保教育服务。

绿流公司由 12 名员工及 1 名 CEO 组成,其中核心成员为 5 位创业团队队员。绿流公司主要由 CEO 全权负责和掌控,下设财务部门、旧物处理部门、运维部门、企划部门、销售部门(分管集中销售部门、二手销售部门)、仓储部门、上门服务部门、微信运营部门。绿流公司聘请武汉匠人列传科技发展有限公司创始人、湖北经济学院信统学院企业创业导师杜定坤为项目顾问。

公司 CEO 负责跟进高校资产部门旧物回收的招标信息,与高校资产部门沟通接洽、签订回收协议,做好与对公市场的工作对接、未来公司发展规划,定时组织会议。各部门做工作汇报,对工作中所出现的问题进行探讨、反思,并提出切实可行的解决方案。财务部门做好收入、支出记录,要求上门服务人员每天汇报所支付的金额,并记录好销售部门每天的销售金额。旧物处理部门负责与下游接洽,对仓库中的旧物进行出售或出租处理,获得的收入按时交由财务部门做记录。将回收的旧物进行分类、整理,保持仓库环境卫生,做好出库、入库记录。运维部门做好微店的运维工作,包括店铺推广、美工、客服、营销等工作。接到预约订单后,派上门服务部门人员上门回收客户预约回收的旧物,在对旧物进行价值评估的基础上,对客户进行回馈。上门服务人员回收后将回收的旧物交由仓储部门处置并提交已完成订单。企划部门负责公司的线上、线下宣传推广策划,微信订阅号的日常运营;不定期地向客户推送公司推广和环保教育的图文消息。

思考:

1. 绿流公司采用的是哪种类型的组织结构,是否合理?

2．为了加强团队的协调合作能力，绿流公司还可以添加哪些有效措施？

案例2 "入耳音频"的团队建设

武汉市爱入耳文化传媒有限公司主要客户定位在有专业音频需求的单位群体及自由音乐人，线上与各大听书平台及其他媒体公司展开合作，线下利用录音棚扎根于高校的地理优势，以打造校园新星的方式吸引更多在校大学生群体参与该公司的有声原创作品的制作。

该公司由项目负责人全权负责，下设市场营销部门、人力资源部门、技术部门、财务部门、企划部门。其中，人力资源部门负责招募与管理主播、原创歌手和作家，技术部门负责音频调音以及后期制作，企划部门负责广告文案的策划和微信公众号的运营。每一个部门均有对应的部门主管管理相应部门的工作和运营，并对部门成员进行绩效考核。

员工的薪酬以"底薪+提成+奖金"的方式构成，并且会根据任务量及声音质量给予一定比例的福利，以及公司出让10%的股权，让员工以技术入股，将公司的长远发展和员工的个人贡献有机地结合在一起，形成了长远的共同奋斗、分享机制。同时，该公司的绩效考核不直接与工资挂钩，而是与奖金挂钩，从出勤率、工作态度、任务量、创新能力等多个方面考察员工对公司的贡献度。

寒暑假该公司会安排集体出游，以增强团队的凝聚力，创建良好的员工关系和沟通环境。所有员工都可获得专业的音频后期培训及播音训练，依据员工兴趣选择参与培训，使员工在获得专业知识的同时，更有利于公司的运营，让每一位员工不做"声音"的门外汉。此外，该公司还包装原创歌手，给予他们专业的设备和专业的指导，使之走向更大的舞台，获得更多关注。该公司可以通过比赛形式招募员工，为公司注入新鲜活力。

思考：

1．"入耳音频"的人力资源是否合理，有什么优点？

2．该公司该如何引导新员工更高效地融入工作？

案例3 数据分析软件开发项目

L为某外资软件公司的高级项目经理，负责某银行数据分析项目的管理。L把项目成员分为需求分析及架构设计组、开发组和测试组，并任命J为分析及架构设计组组长，K为开发组组长，Z为测试组组长。

L属于Y型管理风格，项目成员可以在任何时候对项目提出自己的建议，建议被采纳后，项目将随之改变。他希望这种模式能让项目团队开发出的软件更好，客户也能获得更好的使用体验。

随着项目的进展，开放的风格让整个项目团队士气高昂，例会时项目成员都会就项目提出自己的见解和看法，软件的需求、架构、设计和测试将采纳后的建议融入软件开发，并进行相应的变更。Z 在接受众多意见后带领组员不断加班完成这些变更，最后因不堪重负而辞职。L 随即任命开发组内的骨干员工 W 为新的开发组组长。一段时间后，W 也不堪重负而辞职。随着开发组两名骨干员工的相继辞职，开发组内剩余的员工工作压力越来越大，项目开始出现危机。

思考：

L 在人力资源管理方面存在哪些问题？

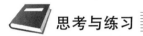 思考与练习

一、不定项选择题

1．不属于电子商务项目人力资源管理内容的是（　　）。

A．项目组织计划　　　　　　　　　　B．人员获取

C．项目雇员考核　　　　　　　　　　D．人员的解散

2．关于电子商务项目人力资源管理，正确的说法是（　　）。

A．人力资源管理的工作步骤中包括通过解聘减少员工

B．人力资源管理不包括员工的绩效考评

C．人力资源管理的主要特点是管理对象广泛

D．人力资源管理的目的是减少人才流动

3．人力资源管理最为基础的工作是（　　）。

A．工作分析　　　　　　　　　　　　B．人员获取

C．项目雇员考核　　　　　　　　　　D．团队发展

4．涉及多领域工作的复杂项目最好由哪种组织形式来进行管理？（　　）

A．项目型　　　　　　　　　　　　　B．职能型

C．矩阵型　　　　　　　　　　　　　D．直线型

5．作为领导的项目经理的成功依赖其人际技能及（　　）。

A．领导、授权和谈判能力

B．能做详细的技术工作的技能

C．引导项目团队会议的能力

D．招聘和解聘的技能

二、名词解释

1. 职能型组织

2. 项目人力资源管理

3. 跨职能团队

三、简答题

1. 简述电子商务项目成员的结构。

2. 简述高效电子商务项目团队的特征。

3. 如何对电子商务项目成员进行考核？

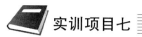 实训项目七

请根据素材文件（配套资源/第 7 章/实训项目七）内容，（1）对小组项目所需要的人力资源的特征和要求（数量和质量）进行分析；（2）为小组项目选择合适的组织结构形式，并绘制组织结构图；（3）选择项目小组中两个不同的岗位，分别设计激励以及考核体系。

第8章 电子商务项目风险管理

学习目标

- 了解电子商务项目风险管理工作的主要内容。
- 掌握风险识别的方法。
- 理解电子商务项目风险的来源。
- 了解风险分析的方法。
- 理解电子商务项目风险的应对策略。
- 理解创新意识、冒险精神与科学客观风险分析的关系。

知识要点

- 电子商务项目风险的来源。
- 电子商务项目风险识别的方法。
- 电子商务项目风险的应对策略。

导入案例

阿里巴巴智造平台项目

"犀牛智造"是阿里巴巴的新制造平台，"犀牛工厂"是阿里巴巴面向未来建设的一座数字化实验工厂。"犀牛智造"致力于服务中小商家数字化转型，通过产业全链路数字化改造和云化升级，构建需求实时响应、极小化库存以及"100件起订、7天交付"的小单快返新模式，实现供需精准匹配和更高水平的动态平衡，促进传统产业的高质量发展。

2017年成立的"犀牛智造"持续探索如何实现供需精准匹配，并为这场变革提供了现实样版间。"犀牛智造"目前已在浙江杭州、海宁，安徽宿州等多地自建3个产业园、8家自营工厂，赋能支持多家中小厂家，可以为包括针织、梭织、羽绒、牛仔在内的超过 70%的服装类目提供一站式、柔性快返供给能力，让服装品牌商家大幅减少库存，提升竞争力。

以某商家为例，从 2020 年开始与"犀牛智造"深度合作，双方合作品类包括针织家居服、梭织家居服、打底裤、防晒服、防蚊裤、T恤等。经过一年多的合作，该商家取得了飞速发展，销售额增长达 3 倍多，成为天猫内衣行业 TOP2，家居服品类排名从 100 名之外提升到如今的第 7 名。

在供给侧方面，"犀牛智造"通过数字化赋能帮助山东鲁泰建立了小单快返产能。2021 年 11 月正式投产的一期 4 条智能生产线，让鲁泰基本实现了从接单、计划排产、工艺方案、生产管理、质量控制到发货的全流程数字化交付，使其供给能力扩展到包括瑜伽裤、T恤、卫衣、防晒服在内的十几个新品类，平均交货期缩短超过 50%。对这家有数十年历史的全球顶级服装制造商来说，"犀牛智造"的科技能力是进入全品类、多样化、柔性化、小批量生产的快车道。双方的合作也是数字化、智能化带动产业升级的典型范本。

思考：

请从技术、市场等角度考虑传统制造业遇到了哪些问题？在与阿里巴巴"犀牛智造"项目合作推进过程中是如何解决的？

8.1 电子商务项目风险管理概述

在电子商务项目的实施过程中，因为项目内、外部环境的变化，往往会出现一些对项目预期目标有影响的现象，对于不确定因素更为突出的电子商务项目而言，这些现象出现的可能性会更大。因此，在电子商务项目的管理中，我们往往需要对这些未来可能会出现的不确定因素及其影响进行预判，并采取一定的措施，即风险管理。

电子商务项目风险管理的概述

8.1.1 电子商务项目的风险及管理

1. 项目风险与电子商务项目风险

项目风险是一种不确定的事件，一旦发生，就会对项目目标产生某种正面或负面的影响。电子商务项目由于具有范围难以精确确定且范围经常发生变更、采用的技术复杂且更新较快、受人力资源影响很大等特点，导致电子商务项目在建设过程中经常存在很多不确定的因素，即电子商务项目风险。

2. 电子商务项目风险管理的范畴

（1）电子商务项目风险管理面向项目进行的全过程。电子商务项目风险管理既不是在项目实施前对影响项目的不确定性因素的简单罗列与事先判断，以及建立在此基础上的项目风险管理制度，也不是在项目进行过程中当实际的项目风险发生时的危机管理以及应变对策，更不是项目风险发生后纯粹的补救方案设计与事后经验总结。电子商务项目风险管理强调的是对项目全过程中风险的管理。企业通过有效的风险管理工具或风险处理方法，对项目运行过程中产生的风险进行分散、分摊或分割，同时在项目风险发生后，采取有效的应对措施并能够总结经验教训。

（2）电子商务项目风险管理是全员参与的过程。电子商务项目风险管理并不仅仅是项目管理者的事情，而是需要项目所有干系人参与的事项。电子商务项目风险管理是对不确定性因素的管理，特别是对项目自身在其计划、组织、协调等过程中所产生的不确定性因素的管理，对于后者而言，人为的主观影响成分较大。因此，需要项目全员共同参与，了解项目进行中各阶段的风险，并在风险发生时采取应对措施。

（3）电子商务项目风险管理要对全要素进行集成管理。电子商务项目风险管理主要涉及项目进度、成本及质量方面的问题。可见，电子商务项目风险管理的过程是一个在可能的条件下追求项目进度最快、成本最低、质量最优的多目标决策过程，不能仅满足于对单一目标的追求。例如，项目工期的提前或滞后将直接影响成本的高低，项目质量的优劣与项目工程造价直接相关。同样，项目的工期与质量的波动又会受造价因素的影响。由此不难得出，项目风险管理是对进度、成本及质量的全要素的集成管理。

8.1.2 电子商务项目风险的来源

电子商务项目中的常见风险可分为需求风险、管理风险和技术风险 3 个类别。

1. 需求风险

电子商务项目在初期确定需求时往往都是模糊的、不确定的，有时甚至是混乱的。如果在电子商务项目初期忽视了这些模糊的需求，并且在项目进展过程中没有得到及时解决，这些需求就会对项目的成功造成巨大的潜在威胁。企业如果不及早识别并控制与这些需求相关的风险因素，那么就很有可能产生无法交付的结果或者埋下危险的祸根。每一种可能的情况都会使电子商务项目到后期无节制地拖延下去，从而导致项目团队成员都想逃出项目团队。常见的与需求相关的风险因素有以下 7 个方面。

（1）客户对具体的项目交付物缺少清晰的认识。

（2）需求不够明确、准确。

（3）由于不确定的需求导致失去确定的目标。

（4）客户对产品需求缺少认同。

（5）项目团队在收集和分析需求时，客户参与度不够。

（6）由于市场变化导致不断变化的需求。

（7）缺少有效的需求变更控制管理措施，对需求的变更缺少相关的分析评估等。

2. 管理风险

电子商务项目要取得成功，必须依靠科学的管理。如果管理没有条理、流程不规范、工作没有标准、分析设计不能有效衔接、测试盲目地进行、质量不能保证，那么这个电子商务项目就难免会走向失败。因此，在对电子商务项目进行风险管理时，企业有必要注意并识别其管理方面的风险因素。常见的与管理有关的风险因素有以下 9 个方面。

（1）高级管理层是否重视电子商务项目管理。

（2）项目团队有无电子商务项目的管理标准和软件过程规范。

（3）项目团队有无软件工程意识。

（4）计划和任务定义是否充分。

（5）有无管理机制保证项目团队按照工程标准来工作。

（6）开发人员是否可以根据既定的项目标准进行开发。

（7）团队的配合，员工之间有无冲突。

（8）对于需求变更有无控制机制，对于变化的需求是否进行评估和分析。

（9）有无项目管理工具辅助管理等。

3. 技术风险

电子商务项目所涉及的技术往往十分复杂，影响因素也非常多。同时由于计算机技术的飞速发展、日新月异，企业在项目中往往需要适当采用一些新技术，以更好地实现项目的目标，满足客户的需求。毫无疑问，高技术含量的电子商务项目是具有挑战性的和令人兴奋的，但是这同时也蕴藏着不少的风险。计算机技术的复杂性和新技术的不断涌现，使电子商务项目团队缺乏经验丰富的工程师，从而可能会因为技术能力不够而影响项目的成功。因此，企业有必要在电子商务项目初期就能够识别出其技术风险，以便采取合适的预防措施。电子商务项目中可能涉及的技术风险非常多，如以下几个方面。

（1）团队成员是否充分具备开发电子商务项目需要的技能。

（2）团队成员对方法、工具和技术是否充分理解。

（3）实现客户的需求是否需要未曾实现过的系统或数据库接口。

（4）团队成员是否具有应用领域的经验或背景知识。

（5）客户是否需要特定的界面。

（6）团队成员是否能保证网上支付的安全性。

（7）网上留存的信息或计算机中的信息是否有技术保证不被不法分子利用。

除了上述主要风险，还有其他一些风险，如项目团队风险、物理风险和信息传达风险。常见的风险因素分析表如表 8-1 所示。

表 8-1 常见的风险因素分析表

风险指标	风险因素	风险描述
项目团队	某些原因引发的项目团队工作不力而导致项目无法如期实施	团队成员结构不合理，无法形成优势互补；团队成员沟通不足，协调不好，项目团队缺乏经验
物理风险	电子商务信息系统硬件选择不合适，营运系统的中断或损坏	硬件设备设计和造型考虑不周，影响系统的可靠性和可扩展性；选配购置的硬件质量低下，导致系统不稳定及失败；短路、电子故障、软件故障、病毒损坏电子商务的交易系统
信息传达风险	项目开发方和使用方的信息沟通不畅	项目开发资金不能及时回收，使用方不满意项目质量
技术风险	项目开发人员由于缺乏经验、计划不周等使交易系统在某些功能上有缺失；项目中需要采用最新的未经证实的技术和方法	如有效的身份认证、信息的机密性保护和完整性约束，项目中需要采用最新的未经证实的技术和方法，这一技术的可靠性不能保证
项目规模风险	没有考虑可重用构件的使用，导致项目规模估算过大	项目规模估算过大，可能会影响项目开发计划的制订
商业风险	项目的开发期过长	根据项目开发计划，预计项目开发期过长
客户相关风险	客户不能及时提供项目所需的资料，导致项目开发延期	客户没有在计划的时间内提交所需的开发资料
管理风险	项目开发计划制订不合理，任务分配不恰当	项目开发计划制订不合理，职能分工不明确
人员风险	开发人员在技术上是否配套，项目管理者的管理失误	开发人员现有技术不能满足项目开发的要求，缺少相应的技术专家。项目开发人员素质低下，重要人员离职
安全与信誉风险	项目中的相互信任，远程作业方式是先付款还是货到付款	项目中涉及的远程付款，缺少第三方支持
市场环境	与电子商务项目有关的市场环境变化，导致预算不足，成本上升	劳动力等价格上涨，相关规章或标准变化，项目相关接口方情况发生变化
需求不明确	项目需求方的需求变化导致项目设计改变	需求方对项目需求的变化可能导致项目周期延长，成本增加

8.1.3 电子商务项目风险管理的目标及过程

1. 电子商务项目风险管理的目标

电子商务项目风险管理最主要的目的就是以最小的代价应对风险，使潜在机会或回报最大化，并使潜在风险损失最小化。

2. 电子商务项目风险管理的过程

电子商务项目风险管理包括项目风险管理规划、风险识别、分析、应对和监控的过程。PMI 的《PMBOK®指南》（第 6 版）中将项目风险管理分为"规划风险管理""识别风险""实施定性风险分析""实施定量风险分析""规划风险应对""实施风险应对"和"监督风险"7 个过程。

（1）规划风险管理：定义如何实施项目风险管理活动的过程。

（2）识别风险：识别单个风险，以及整体项目风险的来源，并记录风险特征的过程。

（3）实施定性风险分析：通过评估单个项目风险发生的概率和影响及其他特征，对风险进行优先级排序，从而为后续分析或行动提供基础的过程。

（4）实施定量风险分析：就已识别的单个项目风险和其他不确定性的来源对整体项目目标的综合影响进行定量分析的过程。

（5）规划风险应对：为处理整体项目风险敞口，以及应对单个项目风险，而制订可选方案、选择应对策略并商定应对行动的过程。

（6）实施风险应对：执行商定的风险应对计划的过程。

（7）监督风险：在整个项目期间，监督商定的风险应对计划的实施、跟踪已识别的风险、识别和分析新风险，以及评估风险管理有效性的过程。

8.2 电子商务项目风险管理规划

电子商务项目风险管理规划在风险管理活动中起到事前控制风险的作用，是针对整个电子商务项目生命周期而制订的。

8.2.1 电子商务项目风险管理计划的制订

电子商务项目风险管理计划详细地说明了风险识别、风险估计、风险分析和风险控制过程的所有方面，并且说明了如何把风险分析和管理步骤应用于整个电子商务项目之中。它一般应该包括以下 10 个方面的内容。

（1）方法论。电子商务项目风险管理计划应确定对电子商务项目中的风险进行管理所使用的策略、方法、工具和依据等，这些内容可以随着电子商务项目生命周期的不同阶段及其风险分析的结果做适当的调整。

（2）角色与职责划分。电子商务项目风险管理计划应确定电子商务项目中进行风险管理活动的角色定位、任务分工、相关责任人及各自的具体职责。

（3）风险承受程度及限度标准。不同的电子商务项目团队对于风险所持的态度也不相同，这将影响其对风险认知的准确性，也将影响其应对风险的方式。应当为每个电子商务项目制定适合的风险承受程度及限度标准，对风险的态度也应当明确地表述出来。

（4）时间与频率。电子商务项目风险管理计划应确定在电子商务项目的整个生命周期中实施风险管理活动的各个阶段，以及风险管理过程的评价、控制、变更、次数与频率等，并把电子商务项目风险管理活动纳入电子商务项目进度计划。

（5）预算。对电子商务项目进行一系列的风险管理活动，必然要发生一些成本，占用一些资源，因此，也必然会占用电子商务项目的一部分预算。

（6）风险类别或风险分解结构。风险类别清单可以保证对电子商务项目进行风险识别的系统性和一致性，并能够保证识别的效率和质量，还可以为其他的风险管理活动提供了一个系统和统一的框架，最常用的框架就是风险分解结构。关于电子商务项目的风险分解结构将在 7.2.2 节中详细讲述。

（7）基准。电子商务项目风险管理计划应明确由何人在何时以何种方式采取行动应对风险，明确的定义可以确保电子商务项目团队与所有干系人都能够准确、有效地应对风险，防止对风险管理活动的理解出现不必要的歧义。

（8）汇报格式。电子商务项目风险管理计划应确定电子商务项目风险管理各个过程中应该汇报或者沟通的内容、范围、渠道及方式、格式，确定如何对风险管理活动的结果进行记录、分析与沟通。

（9）跟踪。电子商务项目风险管理计划应确定如何以文档的方式记录电子商务项目进行过程中的风险与风险管理活动，风险管理文档可以有效地用于对项目进行管理、监控、审计和总结经验教训等。例如，风险管理文档既包括风险识别资料的记录、风险分析过程和结果的记录、风险应对策略、决策的依据和结果的记录、风险应对计划和措施，还包括风险发生的记录、处理的记录等一系列过程记录。

（10）风险概率与影响等级的定义。为了按照统一的标准管理电子商务项目的风险，电子商务项目风险管理计划需要先定义风险概率与影响的定性等级。

8.2.2 电子商务项目风险分解结构

电子商务项目的风险分解结构是一个结构化的核对清单，它将已知的电子商务项目风险按通用的种类和具体的风险属性组织起来。电子商务项目风险分解结构列出了一个电子商务项目中所有可能发生的风险类别及其子类别。风险分解结构可以帮助人们理解和识别电子商务项目在各个不同领域内的风险。例如，需求分析阶段的风险可能有对客户需求理解错误、客户没有积极参与、需求和业务关系获取和分析不充分等；在实现阶段的风险可能有编码不规范、接口实现不完全符合设计规范等；在测试阶段的风险可能有测试用例不完全、测试工具不足等。不同的电子商务项目，其风险分解结构一般也不相同。图 8-1 所示是某电子商务项目风险分解结构的示例。

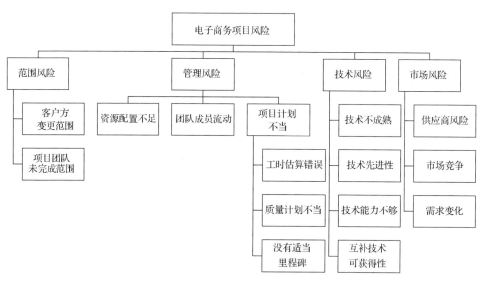

图 8-1　某电子商务项目风险分解结构的示例

电子商务项目团队应该借鉴以前类似项目的风险分解结构。在把以前的风险分解结构应用到本项目中之前，在风险管理计划过程中，应先对它进行审核，并根据需要进行调整或扩展，以适应当前电子商务项目的实际情况。

8.3　电子商务项目风险识别与评估

在风险分解结构工作的基础上，我们需要根据电子商务项目的实际情况对该风险分解结构进行进一步的审核、修订和补充、扩展和调整，进一步明确某一特定的电子商务项目存在哪些风险，以及这些风险的影响有多大，即风险的识别与评估。

电子商务项目风险的识别与评估

8.3.1 电子商务项目风险识别的方法

目前，国内外常用的电子商务项目风险识别方法较多，其代表性的风险识别方法有：财务报表法、头脑风暴法、德尔菲法、SWOT 分析法、访谈法、因果分析图法、流程图法、风险识别检查表法等。下面简要介绍几种常用的工具和方法。

1. 财务报表法

财务报表法就是根据电子商务企业的财务资料来识别和分析电子商务企业每项财产和经营活动可能遭遇到的风险。它是电子商务企业使用最普遍、最有效的风险识别与分析方法。电子商务企业的各种业务流程、经营的好坏最终体现在电子商务企业资金流上，风险发生的损失以及电子商务企业实行风险管理的各种费用都会作为负面结果在财务报表上表现出来。因此，电子商务企业的资产负债表、利润表、财务状况变动表和各种详细附录就可以成为识别和分析各种风险的工具。

2. 头脑风暴法

头脑风暴法（Brain Storming）又称为脑力激荡法、集体思考法、智力激励法或 BS 法。头脑风暴法可分为直接头脑风暴法（通常简称为头脑风暴法）和质疑头脑风暴法（也称为反头脑风暴法）。前者是专家群体决策尽可能激发创造性，产生尽可能多的设想的方法；后者则是对前者提出的设想、方案逐一质疑，分析其现实可行性的方法。

头脑风暴法是最常用的电子商务项目风险识别手段之一，其目标是获得一份全面的风险列表，以便在将来的定性和定量风险分析过程中进一步加以明确。在一位协调员的领导下，由专家在一个广泛的范围内进行风险来源的识别，并且在会议上公布这些风险来源，让大家一起参与分析，然后根据风险的类型进行风险的分类，这样风险的定义就进一步清晰化了。

这种方法可根据风险识别的特点，做出相应的修改。头脑风暴法的特点是：它是借助专家集体的创造性互动思维，来索取未来信息的一种直观预测和识别方法。该方法有两个基本原则：只专心提出风险可能性而不加以评价、不局限思考的空间和风险来源越多越好。

此方法强调集体思考方式，着重互相激发思考，鼓励参加者在指定时间内，构想出大量的意念，并从中引发新颖的构思。在这个基础上，找出各种问题的症结，提出针对具体项目风险识别的全面的、有效的意见。

3. 德尔菲法

德尔菲法是由美国著名的咨询机构兰德公司于 20 世纪 50 年代初提出的。德尔菲法的本质是，依靠专家各自独立的丰富经验、直观判断的综合能力，对同一事物（如项目风险）进行辨识（如项目风险识别）的科学方法。德尔菲法依据系统的程序，采用匿名发表意见的方式，即专家之间不得互相讨论，不发生横向联系，只能与调查人员发生联系。多轮次调查专家对问卷所提问题的看法，经过反复征询、归纳、修改，最后汇总成专家基本一致的看法，作为预测的结果。这种方法具有广泛的代表性，较为可靠。它具有 3 个特点。

（1）参与的各专家间，总保持匿名操作。

（2）对专家的各种反映，及时进行统计处理。

（3）对统计汇总意见，反复向专家进行意见反馈测试。

德尔菲法有助于减少数据方面的偏见，并避免了个人因素对结果产生的不适当的影响。德尔菲法与常见的头脑风暴法既有联系又有区别。德尔菲法能发挥专家会议法的优点，它能充分发挥各位专家的作用，集思广益，准确性高；它能把各位专家意见的分歧点表达出来，取各家之长，避各家之短。同时，德尔菲法又能够避免专家会议法的缺点，如权威人士的意见可能会影响他人的意见；有些专家碍于情面，不愿意发表与其他人不同的意见；有些专家出于自尊心而不愿意修改自己原来不全面的意见。德尔菲法的主要缺点是过程比较复杂，花费时间较长。头脑风暴法和德尔菲法具有一定的相似之处，两种风险识别方法比较如表 8-2 所示。

表 8-2　两种风险识别方法比较

方法	观点数量	观点质量	社会压力	财务成本	决策速度	任务导向	潜在的人际冲突	成就感	对决策的承诺	群体凝聚力
头脑风暴法	中等	中等	低	低	中等	高	低	高	不适用	高
德尔菲法	高	高	低	低	低	高	低	中等	低	低

4. SWOT 分析法

SWOT 分析法又称为态势分析法，由旧金山大学的管理学教授于 20 世纪 80 年代初提出。SWOT 的 4 个英文字母分别代表优势（Strength）、劣势（Weakness）、机会（Opportunity）、威胁（Threat）。从整体上看，SWOT 可以分为两部分：第一部分为 SW，主要用来分析内部条件；第二部分为 OT，主要用来分析外部条件。利用这种方法可以从中找出对自己有利的、值得发扬的因素，以及对自己不利的、要避开的东西，发现存在的风险，找出解决办法，并明确以后的发展方向。

通过 SWOT 分析，企业可以将问题按轻重缓急分类，明确哪些是目前急需解决的问题，哪些是可以稍微延后的事情，哪些属于战略目标上的障碍，哪些属于战术上的问题，并将这些研究对象列举出来，依照矩阵形式排列，然后用系统分析的思想，把各种因素相互匹配起来加以分析，从中得出一系列相应的结论，而结论通常带有一定的决策性，有利于企业领导者和管理者做出较正确的决策和规划。

SWOT 分析法常常被用于制定项目风险识别和分析竞争对手的情况。在战略分析中，它是最常用的方法之一。在进行 SWOT 分析时，企业主要考虑以下内容：分析环境因素、构造 SWOT 矩阵、制订行动计划。当然，SWOT 分析法不是仅仅列出 4 项清单，最重要的是保证从 SWOT 的每一项中对项目进行检查，从而扩大考虑风险的范围，最终得出以下结论：在电子商务企业现有的内、外部环境下，如何最佳地运用自己的资源；如何建立电子商务企业的未来资源。

5. 访谈法

企业的领导者和管理者与不同的项目涉及人员进行有关风险的面谈，有助于识别那些在常规计划中未被识别的风险。项目前期的面谈记录也是可以获得的。企业的领导者和管理者可以通过访谈资深项目经理或相关领域的专家进行风险识别。负责风险识别的人员选择合适的人选，事先向他们做有关项目的简要指点，并提供必要的信息，如 WBS 和假设清单。这些访谈对象，依据他们的经验、项目的信息，以及他们所发现的其他有用渠道，对项目风险进行识别。

6. 因果分析图法

因果分析图也称为鱼刺图，它反映了潜在问题或结果与各种因素之间的联系方式，用于确定风险的起因。导致项目出现某种问题（如质量管理）的原因多种多样，因果分析图允许项目团队借助于清晰的图解来详细地识别、探察以及发现所有涉及这些问题或状态的可能原因，以便为解决这些问题或改变这些状态而制订出相应的措施和办法。因果分析图的使用步骤如下。

（1）描述需要分析的问题或出现的结果，并把它写在一张白纸的右边，用框图框起来。确保每个人都同意对问题的描述，为了便于分析原因，描述应包含尽可能多的信息，如"4 个 W"（Who，Where，When，What）以分析出原因（Why），最终得出如何做的措施（How）。

（2）从左向右画一条带箭头的主干线，指向右边的框图，然后在主干线的上下两侧画出像鱼骨一样的分支线，将它们连到鱼骨图的脊骨上，箭头指向主干线。图 8-2 所示为因果分析图的画法——先画出分支。

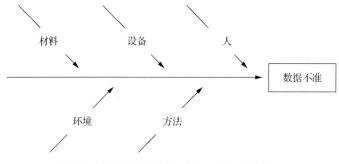

图 8-2　因果分析图的画法——先画出分支

（3）绘制出生产和服务过程的主要范畴或主要步骤。项目团队为了分析的系统性和方便程度，通常从人（任务执行者的原因）、机（生产过程中的设备）、料（使用的材料、零件方面的原因或软件系统）、法（不同工作方法方面的原因）、环（空间、温度等环境因素）5 个方面来分析，最好是一个原因只属于一个范畴。同时，项目团队需要建立一个清单，并将清单归类。

（4）对"脊骨"上的每个因素反复进行提问："为什么会出现这种情况？"

7. 流程图法

流程图能帮助项目团队预测在何处可能发生何种质量问题，在哪个环节发生，因此有助于制订处理问题的办法。图 8-3 所示为程序流程图示例，该图反映了项目开发系统内部设计流程之间是如何相互联系的。

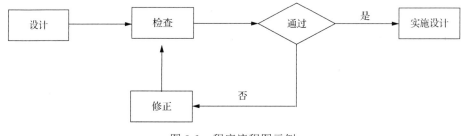

图 8-3　程序流程图示例

8. 风险识别检查表法

风险识别检查表法通过列出与所有可能的每一个风险因素有关的问题，使风险管理者能够集中识别常见的、已知的和可预测的风险。风险管理者通过判定分析或假设分析，给出这些问题的确定答案，估算风险的影响。

风险识别检查表通常由详细的条目组成，是一种主要用于核实一系列要求的步骤是否已经实施的结构化工具，或者使项目团队有系统记录和汇编过去的或正在观察的数据和资料，以便清楚地发现和显示其中的趋势和规律。表 8-3 所示为项目风险识别检查表。

表 8-3　项目风险识别检查表

项目进行的阶段	可能存在的问题	是	否
启动	问题是否定义清楚了		
	是否进行了可行性研究		
	目标是否明确		
计划	计划是否完整		
	数据是否准确		
	沟通是否充足		
	是否有不合理的限定期限		
执行	员工的技术技能是否足够		
	时区与任务分配是否有关联		
	进度变更怎样		
	需求变更怎样		
	管理效能怎样		
结束	质量是否达到标准		
	成本超支的可能性是多少		
	进度拖延的可能性是多少		

8.3.2　电子商务项目风险概率与影响的定性等级

为了保证在电子商务项目风险的定性分析过程中的质量和可信度，项目团队有必要为风险发生的概率和发生后对电子商务项目产生的影响的不同程度制定一个统一的标准。例如，根据风险事件发生概率，项目团队可以把风险定性地分为几个等级，并用"很低""低""中等""高""很高"等词汇来描述风险发生概率的高低；另外，也可以用数值表示风险发生的概率等级，如 0.1、0.3、0.5、0.7、0.9 等。电子商务项目风险发生概率的定性等级如表 8-4 所示。

表 8-4　电子商务项目风险发生概率的定性等级

等级	发生概率
0.9	很高
0.7	高

等级	发生概率
0.5	中等
0.3	低
0.1	很低

根据风险发生后对于电子商务项目目标的不同影响程度，项目团队也可以把它定性地分为上述几个等级。

8.3.3　电子商务项目风险评估方法

电子商务项目风险评估方法包括主观估计法、故障树分析法、概率分析法、贝叶斯推断法、层次分析法、蒙特卡洛模拟法和模糊数学法等。项目团队可以根据项目风险的具体情况进行合理的选择。根据项目中风险的分析结果与公认的安全指标的比对结果，为风险制订相应的应对措施，进而达到有效消除或者控制风险的目的。各种风险评估方法的适用范围如表 8-5 所示。

表 8-5　各种风险评估方法的适用范围

方　法	适　用　性
主观估计法	适用于资料严重不足或者根本无可用资料，不能进行多次试验的项目
故障树分析法	适用于新的、复杂的、系统性的风险项目
概率分析法	适用于风险事件概率分布确定并且风险引起的后果可以量化的项目
贝叶斯推断法	适用于众多风险因素引起的风险事件、各种风险因素发生的概率和在每个风险因素条件下风险事件发生的概率均可以确定的项目
层次分析法	适用于存在不确定性和主观信息情况的风险分析过程的项目
蒙特卡洛模拟法	适用于多风险因素的复杂风险事件评估
模糊数学法	适用于风险具有不确定性，而且不确定性常是模糊的项目

1．主观估计法

主观估计法就是用主观概率对风险进行估计。主观概率是指根据对某事件是否发生的个人观点，取一个 0～1 的数值来描述事件发生的可能性和发生后所带来的后果。因此，主观估计法常表现为某人对风险事件发生的概率和带来的后果做出迅速的判断，这种判断比客观全面的显性信息判断所需的信息量要少。虽然主观估计是由专家或风险决策人员利用较少的统计信息做出的估计，但它是根据个人或集体的合理判断，加上经验和科学分析所得，因此在电子商务项目风险评估的应用中有一定的成效。

主观估计法主要适用于资料严重不足或根本无可用资料的电子商务项目，对于那些不能进行多次试验的电子商务项目，主观估计法常常是一种可行的方法。使用这种方法的关键是要有经验丰富的项目风险分析人员。主观估计法具体操作步骤如下。

（1）选择对风险进行主观估计的相关人士。

（2）确定被选相关人士的权重系数。

（3）各被选相关人士分别对风险进行评估。

（4）综合各被选相关人士的评估结果，确定风险水平。

因为主观估计法决策速度快，不需要太多的信息资料，但容易出现偏差，即估计的风险偏差较大，所以主观估计法一般需要多人多次对风险进行估计，如采用德尔菲法。

2. 故障树分析法

故障树分析法（Fault Tree Analysis，FTA）是于 20 世纪 60 年代初由美国贝尔实验室在预测民兵导弹发射随机失效概率时提出的。之后，波音公司研制出了 FTA 的计算机程序，进一步推动了 FTA 的发展。20 世纪 60 年代中期，随着概率风险估计在核电站安全分析中的应用，故障树分析法成为主要的定性分析方法。

（1）故障树分析法的具体分析步骤如下。

① 选取顶事件。

② 建立故障树。

③ 求故障树的最小交割集。

④ 求系统故障概率。

因为故障树的完善与否将直接影响分析结果是否准确，所以正确建立故障树是 FTA 的关键一步。

（2）故障树分析法的优点如下。

① 表达直观，逻辑性强，不仅可以分析部件故障，而且还可用于多重故障及人为因素、环境因素、控制因素及软件因素等引起的故障分析。

② 既能用于定量分析，又能用于定性分析，同时还能找出系统的薄弱环节。故障树分析法对于新的、复杂的系统的风险分析结果可信度高，比较适合于大型电子商务项目。

（3）故障树分析法的缺点如下。

① 由于故障树的建造及计算过程复杂，限制了底事件的数量，因此复杂系统的 FTA 难以做到对事件仔细研究。

② 假定所有底事件之间相互独立。

③ 所有事件仅考虑正常和失效两种状态。

3. 概率分析法

概率分析法又称为风险分析法，是通过研究各种不确定性因素发生不同变动幅度的概率分布及其对项目经济效益指标的影响，对项目可行性和风险性及方案优劣做出判断的一种不确定性分析法。概率分析法常用于对大中型重要电子商务项目的评估和决策之中。项目团队可通过概率分析，计算项目目标值（如净现值）的期望值及目标值大于或等于零的累计概率来测定项目风险大小，为投资者决策提供参考依据。概率分析法的步骤如下。

（1）列出各种需要分析的不确定性因素，如预期销售价格、销售量、投资和经营成本等。需要注意的是，所选取的几个不确定性因素应是互相独立的。

（2）设想不确定性因素各种可能发生的情况，即其数值发生变化的几种情况。

（3）分别确定各种可能发生情况发生的可能性，即概率。不确定性因素的各种可能发生情况出现的概率之和必须等于1。

（4）计算目标值的期望值。可根据技术方案的具体情况选择适当的方法。假若采用净现值为目标值，则一种方法是将各年净现金流量所包含的各不确定性因素在可能情况下的数值与其概率分别相乘后再相加，得到各年净现金流量的期望值，然后求得净现值的期望值；另一种方法是直接计算净现值的期望值。

（5）求出目标值大于或等于零的累计概率。对于单个方案的概率分析应求出净现值大于或等于零的概率，由该概率值的大小可以估计方案承受风险的程度，该概率值越接近1，说明技术方案的风险越小；反之，则说明技术方案的风险越大。项目团队可以列表求得净现值大于或等于零的概率。

进行概率分析的具体方法主要有期望值法、效用函数法、模拟分析法和德尔菲法等。①期望值法在项目风险评估中应用最为普遍，是通过计算项目净现值的期望值和净现值大于或等于零时的累计概率，来比较方案优劣，确定项目可行性和风险程度的方法。②效用函数法中的所谓效用，是指对总目标的效能价值或贡献大小的一种测度。在风险决策的情况下，可用效用来量化决策者对待风险的态度。通过效用这一指标，项目团队可将某些难以量化、有质的差别的事物（事件）进行量化，将要考虑的因素折合为效用值，得出各方案的综合效用值，再进行决策。效用函数反映决策者对待风险的态度。不同的决策者在不同的情况下，其效用函数是不同的。③模拟分析法就是利用计算机模拟技术，对项目的不确定性因素进行模拟，通过抽取服从项目不确定性因素分布的随机数，计算分析项目经济效果评价指标，从而得出项目经济效果评价指标的概率分布，以提供项目不确定性因素对项目经济指标影响的全面情况。关于德尔菲法已在 8.3.1 节中介绍过，在此不再赘述。

4. 贝叶斯推断法

"贝叶斯"一词源于 18 世纪英国的一个牧师托马斯·贝叶斯（Tomas Bayes），他的发现使带有主观经验性的知识信息，被用于统计推断和决策中。当未来决策因素不完全确定时，必须利用所有能够获得的信息，包括样本信息和先于样本的所有信息（来自经验、直觉、判断的主观信息），来减少未来事物的不确定性，这就是贝叶斯推断原理。贝叶斯推断原理的实质就是根据先验概率和与先验概率相关的条件概率，推算出所产生后果的某种原因的后验概率。

众多风险因素引起风险事件的产生，各种风险因素发生的概率和在每个风险因素条件下风险事件发生的概率均可以确定，由此可确定各种风险因素的影响程度。该方法的具体操作步骤如下。

（1）确定被评估的风险事件和引起风险事件发生的所有风险因素，并且使各风险因素互不相关。

（2）确定先验概率和条件概率。

（3）根据有关公式计算，计算结果即为各种风险因素对风险事件的影响程度。

（4）根据计算结果对所有风险因素进行分析和评估。

贝叶斯推断原理在用于风险评估时，可在众多的风险因素中抓住主要因素，提高风险分析的效率，但运用这种方法时，确定先验概率和条件概率的难度较大。

5. 层次分析法

层次分析法（Analytic Hierarchy Process，AHP），在 20 世纪 70 年代中期由美国运筹学家托马斯·塞蒂正式提出。它是一种定性和定量相结合的、系统化、层次化的分析方法。由于它在处理复杂的风险决策问题上的实用性和有效性，层次分析法很快在世界范围得到重视。层次分析法的基本思路与人对一个复杂的决策问题的思维、判断过程大体上是一样的，其基本步骤如下。

（1）建立层次结构模型。建立层次结构模型是指在深入分析实际问题的基础上，将有关的各个因素按照不同属性自上而下地分解成若干层次，同一层的诸多因素从属于上一层的因素或对上一层因素有影响，同时又支配下一层的因素或受到下一层因素的作用。最上层为目标层，通常只有一个因素；最下层通常为方案或对象层，中间可以有一个或几个层次，通常为准则层或指标层。当准则过多（如多于 9 个）时，应进一步分解出子准则层。将问题包含的因素分为最高层（解决问题的目的）、中间层（实现总目标而采取的各种措施、必须考虑的准则等，也可称为策略层、约束层、准则层等）和最低层（用于解决问题的各种措施、方案等）。把各种所要考虑的因素放在适当的层次内，用层次结构图清晰地表达这些因素的关系。

（2）构造成对比较阵。从层次结构模型的第 2 层开始，对于从属于（或影响）上一层每个因素的同一层诸因素，用成对比较法和 1～9 比较尺度构造成对比较阵，直到最低层。

（3）计算权向量并做一致性检验。对于每一个成对比较阵计算最大特征根及对应特征向量，利用一致性指标、随机一致性指标和一致性比率做一致性检验。若检验通过，特征向量（归一化后）即为权向量；若检验不通过，需要重新构造成对比较阵。

（4）计算组合权向量并做组合一致性检验。计算最下层对目标的组合权向量，并根据公式做组合一致性检验。若检验通过，则可按照组合权向量表示的结果进行决策；若检验不通过，需要重新考虑模型或重新构造那些一致性比率较大的成对比较阵。

层次分析法有很多优点，其中最重要的就是简单明了。层次分析法适用于存在不确定性和主观信息的情况，允许以合乎逻辑的方式运用经验、洞察力和直觉，使得风险评估者能够认真地考虑和衡量指标的相对重要性。

6. 蒙特卡洛模拟法

蒙特卡洛模拟法由约翰·冯·诺依曼（John Von Neumann）创立并推广到科学研究中。由于该方法与轮盘掷色子等赌博原理相似，所以采用欧洲著名的赌城摩纳哥首都 Monte Carlo 命名。蒙特卡洛模拟法又称为随机抽样技巧或统计试验方法，它是估计经济风险和工程风险常用的一种方法。蒙特卡洛模拟法的基本思想是，将待求的风险变量当做某一特征随机变量，通过某一给定分布规律的大量随机数值，解算出该数字特征的统计量，作为所求风险变量的近似解。其具体方法是通过随机变量函数发生器产生一定随机数的概率模拟，理论上试验次数越多，分布函数越接近真实值，但实际中达到 50～300 次后，分布函数便不再有显著变化了，趋于稳定。

7. 模糊数学法

在电子商务项目风险评估过程中，有很多影响因素的性质和活动无法用数字来定量地描述，它们的结果也是含糊不清的，无法用单一的准则来判断。为了解决这一问题，美国学者扎德于 1965 年首次提出模糊集合的概念，对模糊行为和活动建立模型。模糊数学是从二值逻辑的基础上转移到连续逻辑上，即把绝对的"是"

与"非"变为更加灵活的表达。在相当的限度上去相对地划分"是"与"非",这并非是数学放弃它的严格性去造就模糊性,相反地,是以严格的数学方法去处理模糊现象。

因为风险具有不确定性,而不确定性常常是模糊的,所以模糊数学法普遍适用于对各种风险的评估和分析。该方法的具体操作步骤如下。

(1)确定模糊集合和模糊关系。

(2)确定集合中各元素对应于模糊关系的隶属度。

(3)运用模糊运算确定被评估对象的程度大小。

模糊理论给不清晰的问题提供了一种充分的概念化结构,并以数学的语言去分析和解决它们,使模糊问题可以量化,以使风险评估更加科学化和准确化,但确定模糊集合中各元素对应于模糊关系的隶属度仍然以专家的经验给定。

8.4　电子商务项目风险应对与监控

在识别了某一电子商务项目存在的风险以及风险带来的影响的基础上,就需要项目管理者明确该如何面对和控制这些风险,也就是找到风险的应对和监控的措施。

8.4.1　电子商务项目风险的应对策略

所谓风险应对,是指在确定了决策的主体经营活动中存在的风险并分析出风险概率及其风险影响程度的基础上,根据风险性质和决策主体对风险的承受能力而制订的回避、承受、降低或者分担风险等相应的防范计划。风险应对的策略包括减轻风险、预防风险、回避风险、转移风险、接受风险和风险预留6种。

1. 减轻风险策略

减轻风险策略,是通过缓和或预知等手段来减轻风险,降低风险发生的可能性或减少风险发生后的后果影响程度和范围。减轻风险策略的有效性与风险是已知风险、可预测风险还是不可预测风险关系很大。

对于已知风险,项目管理者可以在很大程度上加以控制,通过动用项目现有资源降低风险的严重后果和风险发生的频率。

对于可预测风险或不可预测风险,诸如某些外部环境因素、市场因素、新技术还不成熟等导致的风险，项目团队很难控制，还必须进行深入细致的调查研究，降低其不确定性。

2. 预防风险策略

预防风险策略通常采用工程法，以工程技术为手段，提前防止风险因素出现，减少已存在的风险因素，将风险因素同人力、财力、物力在时间上和空间上隔离，消除风险威胁。

工程法的特点是，每一种措施都与具体的工程技术设施相联系，但是不能过分地依赖工程法。采用工程法需要很大的投入，因此决策时必须进行成本效益分析。

预防风险还可以采用教育法和程序法。教育法是指对有关人员进行风险和风险管理教育，让有关人员充分了解项目所面临的种种风险，了解和掌握控制这些风险的方法。程序法是指以制度化的方式从事项目活动，减少不必要的损失。项目管理者制订的各种管理计划、方针和监督检查制度一般都能反映项目活动的客观规律。

3. 回避风险策略

回避风险是指通过风险分析，当发现电子商务项目风险的潜在威胁发生概率太大，不利后果也很严重，又没有其他更好的策略可用时，主动放弃项目或改变项目目标与行动方案，从而规避风险的一种策略。回避风险策略包括主动预防风险和完全放弃两种。

人们不可能排除所有的风险，但可以通过分析找出发生风险的起因（根源），通过消除这些起因来避免相应风险的发生，这是通过主动预防来回避风险。例如，为了避免客户需求不明确，可以通过开发原型系统并向客户演示，直到客户满意，并记录下来形成需求基线。这样在提交前客户验收时，就不会出现与客户在需求上有分歧的风险，从而有效地避免了这个风险。

回避风险的另一种策略是完全放弃。完全放弃是最彻底回避风险的办法，但是，放弃的同时也失去了发展的机遇。

4. 转移风险策略

转移风险是指将风险转移给参与该项目的其他人或其他组织，因此又称为合伙分担风险，其目的不是降低风险发生的概率和减轻不利后果，而是运用合同或协议，在风险发生时将损失的一部分转移给有能力承受或控制风险的个人或组织。

实行这种策略时要注意两点：一是要让承担风险者得到相应的回报；二是对

于各种具体风险，谁最有能力管理就采用这种策略将风险转移给谁，所付出的代价大小取决于风险大小。当项目的资源有限，不能实行减轻和预防策略，或风险发生频率不高，但潜在的损失或后果很大时，可以采用此策略。

转移风险可以分为财务性风险转移和非财务性风险转移。①财务性风险转移是转移项目风险最常用的一种方法，是指项目团队向保险公司交纳一定金额的保险费，通过签订保险合同来防范风险，以投保的形式将风险转移给保险公司。财务性风险转移可以分为保险类风险转移和非保险类风险转移两种。②非财务性风险转移是指按照风险和收益对等的原则，通过合同等方式将与电子商务项目风险有关的活动转移到抗风险能力比较强的第三方。例如，担保就是一种常用的非财务性风险转移方式。所谓担保，指为他人的债务、违约或失误负间接责任的一种承诺。例如，电子商务外包项目中，承包方可以请银行、保险公司或其他非银行金融机构向发包方承诺为承包方在投标、履行合同、归还预付款、债务、违约或失误等方面负间接责任。在得到这种担保之后，电子商务项目的发包方就把由于承包方在行为方面的不确定性带来的风险转移给了出具保证书或保函的银行、保险公司或其他非银行金融机构。当然，为了取得这种承诺，电子商务项目的承包方也要付出一定的代价，但是这种代价最终还是由发包方来承担的。

在电子商务项目中普遍存在的软件外包就是一种非常好的非财务性风险转移策略。外包就是向本项目外的组织分包产品或服务，常常是针对某些种类风险的有效对策。例如，某电子商务项目中要使用某种特殊的技术，与其自行开发，不如通过与有此种技术经验的厂商签订合同，以委托（分包给）对方开发的方式转移自己在这方面的技术风险。

在电子商务项目管理中，需要注意的是，外包行为往往将一种风险置换为另一种风险。例如，上例中的外包转移了一项技术风险，但会因这个风险转移给第三方又会造成自己在成本等方面出现新的风险。因此，风险转移策略只是一种平衡，不能完全消除风险。

5. 接受风险策略

接受风险策略即电子商务项目团队有意识地选择由自己来承担风险后果。当项目团队觉得自己可以承担风险发生后所产生的损失时，就可以用这种策略。

例如，为了避免地震、洪灾等不可抗力造成的后果，在一些重要的电子商务项目中，可以建立异地备份中心。当风险真的发生时，启用备份中心。由于在风险识别和分析阶段已对一些风险有了充分的准备，所以当风险事件发生时马上执行应急计划，这就是主动接受风险。

第8章 电子商务项目风险管理

187

接受风险也可以是被动的。例如，项目延期了，因交付延误，必须向客户支付违约金，或不得不接受客户新增加的需求或变更需求等。这些都可能造成项目成本增加，利润下降甚至亏本。而为了满足市场的需要，不得不接受这个现实，这是被动接受。

被动接受风险是指在风险事件造成的损失数额不大，不对电子商务项目的整体目标造成较大影响时，项目团队将风险的损失当做电子商务项目的一种成本来对待。

6. 风险预留策略

所谓风险预留，就是指根据电子商务项目风险分析的结果，事先确定相应的预留措施并完善项目风险管理计划，一旦发现风险，就启动预留或后备应急措施。

一些规模比较大的电子商务项目，项目的复杂性较高，项目周期也会比较长、不可控因素也多，其风险是一定存在的。所以，为了保证电子商务项目整体目标的实现，项目管理者有必要制订一些风险发生后的应急措施来预留风险。

电子商务项目的风险预留主要有风险成本预留、风险进度预留和技术后备措施等。

（1）风险成本预留。风险成本预留是指在电子商务项目经费预算中事先准备的一笔资金，用于弥补由于在电子商务项目进行过程中出现的差错、疏漏及其他不确定性事件对项目成本预算准确性的影响。风险成本预留在编制项目预算时要单独列出，不应分散到各个具体的成本项目中，否则可能增加项目管理者对预留成本的控制难度。

（2）风险进度预留。电子商务项目由于生产的是不可见的高科技产品，其所采用的技术比较复杂，因此项目的进度有时比较难以准确地度量和控制。当电子商务项目进行过程中出现一些不确定的事件后，其进度也常常会受到直接或者间接的影响。相关的调查和研究表明，电子商务项目大多数都没有按期完成。

为了保证电子商务项目能够按照预定的期限完成，电子商务项目管理者有时需要在制订进度计划时预留一些机动时间或设置一些可以自由控制的时间差。当项目进行过程中出现了一些不利事件引起进度拖延时，电子商务项目管理者可以用这些机动时间或者时间差去补偿进度的延迟，从而在总体上保证电子商务项目的整体进度。

（3）技术后备措施。技术后备措施专门用于应付项目的技术风险，它可以是预留的一段时间或预提的一笔资金。只有当技术风险发生并需要采取补救行动时，才动用这段时间或这笔资金。

电子商务项目管理者在设计和制订风险应对措施时，要针对具体电子商务项目的实际情况、项目发展的不同阶段和项目所面临的不同风险的特点，采用相应的风险应对策略。

8.4.2　电子商务项目风险应对计划的编制

在确定项目的风险应对策略后，就可以进行风险应对计划的编制。风险应对计划主要包括对已识别的风险及其描述、风险发生的概率、风险应对的责任人、风险应对策略及行动计划、应急计划等方面的内容。风险应对计划是针对风险识别和量化的结果，为了提升实现项目目标的机会、降低风险对项目目标的威胁，而制定风险应对策略和技术手段的过程。风险应对计划的编制必须与风险的严重性、应对成本、项目环境下的现实性等相适应，得到所有项目参与方的认同，并且由专人负责。项目风险应对计划过程从输入、输出的角度来看，可分为 3 个方面，我们在进行风险应对计划编制时就可从这 3 个方面来着手编写。图 8-4 所示为项目风险应对计划过程。

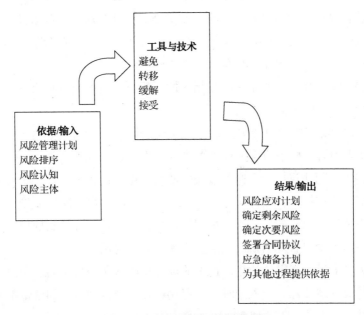

图 8-4　项目风险应对计划过程

1．风险应对计划的依据

制订风险应对计划的依据包括风险管理体系文件和风险分析后更新的风险清单。

（1）风险管理体系文件。风险管理体系文件的重要内容既包括岗位职责、风险分析定义、风险管理需要的时间和预算，还包括高、中、低风险的极限。这些风险评级的标准帮助电子商务项目管理者确定哪些是需要采用应对措施的风险，以及如何根据风险级别分配资源。

（2）风险分析后更新的风险清单。风险清单最初是在风险识别的过程中形成的，在风险定性和定量分析中得到更新。风险清单给风险应对计划提供的重要依据包括风险的等级和排序、近期需要采取应对措施的风险清单、需要补充分析和应对的风险清单、风险分析的结果、风险产生的根本原因、按分类分组的风险，以及优先级较低风险的观察清单。风险应对计划在制定风险应对策略时，需要重新参考已识别的风险、风险的来源、可能的应对措施清单、风险所有人、征兆和预警信号。

2. 风险应对计划的结果

（1）风险应对计划。风险应对计划指针对项目可能存在的风险事件所制订的详细风险应对措施的规划，包括风险识别、风险特征描述、风险成因、影响项目的区块、对项目目标可能产生的影响、风险主体和责任分配、风险定性和定量分析的结果、针对每一项风险所制订的应对措施等；以及风险应对措施实施后，预期的风险残留水平（风险概率及其影响程度），事实选定的应对策略所需要的具体行动，风险应对措施的预算和时间，应急计划和反馈计划等。

（2）确定剩余风险。剩余风险是指采取了规避、转移或缓和措施后仍保留的风险，包括被接受的小风险。

（3）确定次要风险。由于实施风险应对措施而直接导致的风险称为次要风险，它们应与主要风险一样来识别并计划次要风险的应对措施。

（4）签署合同协议。为了避免或减轻威胁，电子商务项目管理者可以针对具体风险或项目签订保险、服务或其他必要的合同协议，确定各方的责任。

（5）需要的应急储备量。为了把超越项目目标的风险降低到项目能够接受的水平，电子商务项目管理者确定需要多少缓冲和应急储备。

（6）为其他过程提供的依据。选定的或提出的各种替代策略、应急计划、预期的合同协议、需要额外投入的时间、费用或资源及其他有关的结论都必须反馈到相关领域，成为其过程计划、变更和实施的依据。

8.4.3 电子商务项目风险监控

对电子商务项目的风险进行监控主要包括以下 6 种措施。

1. 阶段性评审与过程审查

电子商务项目所生产的软件是不可直接度量的产品，为了对其工作效果进行合理的检验，并有效地监控电子商务项目过程中的风险，电子商务项目管理者就需要借助一系列的阶段性评审与过程审查。

电子商务项目管理者通过大量的评审活动来评估、确认前一个阶段的工作及其交付物，提出补充修正措施和调整下一阶段工作的内容和方法。

阶段性评审可以让风险尽早被发现，从而尽早地预防和应对，风险发现得越早，越容易防范，应对的代价越小；风险发现得越晚，就越难以应对，而且应对的代价就越高。阶段性评审与过程审查可以有效地检验工作方法和工作成果，并通过一步步地确认和修正中间过程的结果来保证项目过程的工作质量和最终交付物，大幅度地降低电子商务项目的风险。

2. 风险再评估

在电子商务项目风险监控的过程中，经常需要对新风险进行识别和评估，或者对已经评估的风险进行重新评估和审核，检查其优先次序、发生概率、影响范围和程度等是否发生变化等，重新评估的内容和详细程度可根据电子商务项目的具体情况确定。

3. 风险应对审计

风险应对审计主要指对风险管理过程的有效性、用已经拟定的风险应对措施处置已识别风险的有效性、风险承担人的有效性等进行审计。

4. 技术绩效测量

技术绩效测量是从技术角度对电子商务项目的中间成果与项目计划中预期的技术成果进行比较和测量，如果没有实现计划预计的功能和性能，那么电子商务项目有可能存在范围风险。

5. 挣值分析

挣值分析的结果反映了电子商务项目在当前检查点上的进度和成本等指标与项目计划的差距。如果存在偏差，则可以对其产生的原因和影响进行分析，这有助于尽早地发现相关的风险。

6. 风险预留分析

在电子商务项目的实施过程中，可能会因为某些风险而动用预留的资金或时间。风险预留分析就是在某些阶段性的项目时间点，把总体风险预留与剩余的风险预留资金或时间进行比较，再把总体风险量与剩余的风险量进行比较，根据它们的比例关系可以明确风险的大小和确定风险预留是否充足。

案例分析

"许鲜"生鲜电商的商业与运作模式分析

"许鲜"是一家水果电商，说起来是电商，但它的生意却简单而无趣——只做卖水果这一件事。在生鲜电商这块"难啃的骨头"面前，前有获得 1 亿美元天使轮融资的华为荣耀前总裁刘江峰，后有京东 7 000 万美元领投天天果园，还有被精心打造的亚马逊生鲜馆、顺风优选。不过，"许鲜"却用短短 9 个月的时间从大学校园起步，从零迅速扩张了 66 家线下门店，单月水果销售额突破千万元，在菲律宾香蕉等细分品类，"许鲜"目前已成为北京地区最大的销售商；不仅如此，这个不玩补贴、不打广告的"异类"把水果零售价格做到了低于市场均价的30%，同时还保证自己能获得 1%～2% 的净利润。尽管不愿意被贴上互联网思维的标签，"许鲜"事实上已经取得了在互联网企业身上才能看到的指数级增长。

"许鲜"就是面对这样一群高校大学生火起来的。"便宜，新鲜"成为它在学生心目中的标签。在北京很多高校的校园内，你可以很容易地找到它的线下门店，线下门店只能提货，不进行零售。这些门店的装修大多以棕色为主，几十平方米的空间内，立着几排靠墙的柜子，陈列着80 多种品类的水果，客户拿到手里的，全是独立的包装。水果的供应链包括存和运，在存方面，库存涉及冷链（冷库）和普通库存，普通库存存在一定的损耗，冷链虽然损耗较低，但是存储成本很高。同样，每一层的人力成本都会将水果价格提高5%。在这个过程中，每砍掉一层，损耗会降低 10%～15%，加上之前5%的人力成本，毛利就会增加 15%～20%。传统水果摊让客户挑来挑去也会产生损耗。水果的摆放条件、码放的要求、高度、重量、压力等，也是不可忽视的环节。除了冷链和物流，还有一个难点在于，生鲜电商领域没有一个严格的价格体系。

"许鲜"的做法是，把冷链、物流这些重的事情变轻，他们会找到联想佳沃、甘肃天水这样的水果供应商，给他们带来销量，只专心做好卖水果这一件事情。提前下单，是"许鲜"设置的订货流程。客户需要在网上选好自己要买的水果，凌晨 1 点之前付款下单，第二天11 点之后，再去指定的门店提水果。客户没有送货上门的配送服务，也无法在线下的门店临时购买，如果超过 2 天没有提货，订单还会被自动取消。"许鲜"通过先掌握客户需求再进行配货的方式会降低了水果的库存压力和损耗率。怎样才能让对价格敏感的大学生群体快速产生兴趣呢？在早期推广中，为了招徕客户，"许鲜"并没有投入太多的资源，而是在北大等一些高校校园内采用扫二维码下载客户端送苹果的方式。就是这样靠着一个个苹果的推动，"许鲜"积累了最早的一批客户，门店也开到了 5 家。

那些日子里，业务员徐晗每天凌晨 1 点睡觉，3 点半起来去进货，整个团队超负荷运转仍然无法满足激增的订单需求。客户来到店里提货，发现要买的水果还没有到，有的客户可能就会骂他们。另一位同事小西则索性创建了微信粉丝群，把骂他们的客户拉到群里一个一个收集意见反馈，并且时不时地跟群里的同学进行互动。在互动过程中，客户的建议常常会被采纳，这个参与互动的过程也让"许鲜"一步步地了解了客户更细微的需求。慢慢地，骂声开始变弱了，直到有一天小西发现，群里之前一个骂他们最凶的客户开始主动向别人推荐"许鲜"了。

目前，"许鲜"已经建了 60 多个微信粉丝群，每个微信粉丝群有 100 个客户，针对"社区"的活跃客户，小西和他的同事会定期组织一些采摘活动，新水果的试吃也会交给这些客户，反馈良好的品类才会进一步在网站上上线。

好的商业模式能获取大的流量，这对于一家互联网公司来说都不是难题，难的是如何沉到最底层。传统的水果供应流程是从果园到果品公司，再到一级批发市场、二级批发市场、三级批发市场。"许鲜"最早是和三级批发市场合作，不断把销量带上去之后，才开始有资格跟二级批发市场、果园、果品公司等合作。业务员徐晗总结道，除了销量大之外，"许鲜"同时能够做到不拖欠供应商的货款。"许鲜"的一位供应商高师傅介绍，最早"许鲜"是每天一结，慢慢地变成一周一结，从没有拖欠。在这一点上，业务员徐晗精打细算的一面又发挥了作用。传统的零售因为有库存，生意差一点的便利店，一次现金流的滚动是负向 15 天到负向 20 天，一些大型传统商超甚至达到负向 30 天，"许鲜"能够做到正向 15 天的现金流，不拖款，不压账。"订单量大、不拖欠款项为"许鲜"赢得了供应商的信任。

思考：

试运用项目管理的相关理论，如风险识别技术、风险评估技术和风险规范方法，分析"许鲜"网创业面临的风险种类与风险等级，在此基础上，写一份风险规避报告。

 思考与练习

一、不定项选择题

1. 减少项目风险最佳的方法是（　　　　）。

　　A．实施较好的计划　　　　　　　　B．选择高学历的项目经理
　　C．引进项目管理成本控制系统　　　D．请技术专家担任项目经理

2．项目风险管理的第一步是（　　　）。

    A．风险监控　　　　　　　　　　　　B．风险评估

    C．风险分析　　　　　　　　　　　　D．风险识别

3．下列方法中，不属于项目风险识别方法的是（　　　）。

    A．德尔菲法　　　　　　　　　　　　B．蒙特卡洛模拟法

    C．鱼刺图法　　　　　　　　　　　　D．访谈法

4．下列属于风险应对策略的是（　　　）。

    A．回避风险　　　　　　　　　　　　B．接受风险

    C．转移风险　　　　　　　　　　　　D．以上都是

5．挣值分析主要用于进行（　　　）。

    A．风险识别　　　　　　　　　　　　B．风险评估

    C．风险应对　　　　　　　　　　　　D．风险监控

二、名词解释

1．项目风险管理

2．头脑风暴法

3．因果分析图法

4．主观估计法

5．蒙特卡洛模拟法

三、简答题

1．项目风险管理包括哪些主要工作过程？

2．如何识别电子商务项目风险？

3．电子商务项目风险评估方法有哪些？

 实训项目八

请根据素材文件（配套资源/第8章/实训项目八）内容，（1）识别小组项目的风险（如市场、技术、政策和管理风险等）及其特征；（2）为小组项目的关键风险提出应对思路和措施。

参考文献

[1] 徐盛华，刘彤. 项目管理［M］. 北京：清华大学出版社，2011.

[2] 柯丽敏，吴吉义. 电子商务项目管理理论与案例［M］. 北京：清华大学出版社，2013.

[3] 李琪. 电子商务项目策划与管理［M］. 北京：电子工业出版社，2011.

[4] 左美云，杨波. 电子商务项目管理［M］. 北京：中国人民大学出版社，2014.

[5] 中国电子商务协会. 国际电子商务项目管理［M］. 北京：人民邮电出版社，2004.

[6] 刘四青. 电子商务项目管理［M］. 重庆：重庆大学出版社，2010.

[7] 杜晓静. 网络商务项目管理与实践［M］. 北京：机械工业出版社，2015.

[8] 中国（双法）项目管理研究委员会. 中国项目管理知识体系［M］. 北京：电子工业出版社，2008.

[9] 吴帆. M 公司的有机食品电子商务项目管理研究［D］. 广州：华南理工大学，2012.

[10] 白思俊. 现代项目管理（上册、中册、下册）［M］. 北京：机械工业出版社，2003.

[11] 唐秀丽，张德凯，王亚杰. 高校快递众包模式研究［J］. 铁道运输与经济，2018（1）.

[12] 陶永翠. 基于 SWOT 分析下的"校易吧"微信公众平台可行性分析[J]. 价值工程，2018（4）：49-51，52.

[13] 杨海涛. "全职太太"电商项目商业计划书［D］. 兰州：兰州大学，2017.

[14] 房西苑，周蓉翌. 项目管理融会贯通［M］. 北京：机械工业出版社，2010.

[15] 哈罗德·科兹纳. 项目管理最佳实践方法——达成全球卓越［M］. 栾大龙，杜颖慧，刘静，等，译. 北京：电子工业出版社，2016.

[16] 哈罗德·科兹纳. 项目管理案例集［M］. 4版. 王丽珍，陈丽兰，译. 北京：电子工业出版社，2015.

[17] 杰弗里·K. 宾图. 项目管理［M］. 鲁耀斌，赵玲，译. 北京：机械工业出版社，2015.

[18] 贾晓丹. 电子商务项目管理实训［M］. 北京：中国人民大学出版社，2015.

[19] 原娟娟，陶珏. 电子商务项目策划［M］. 北京：北京大学出版社，2017.